有料更有趣的朝代史

战国

4 天下归一

君玉离
萧十二 编著

U0449810

浙江工商大學出版社
ZHEJIANG GONGSHANG UNIVERSITY PRESS
·杭州·

图书在版编目（CIP）数据

战国/君玉离，萧十二编著．—杭州：浙江工商大学出版社，2022.9（2024.1重印）

（有料更有趣的朝代史/胡岳雷主编）

ISBN 978-7-5178-4838-7

Ⅰ．①战… Ⅱ．①君…②萧… Ⅲ．①中国历史—战国时代—通俗读物 Ⅳ．① K231.09

中国版本图书馆 CIP 数据核字（2022）第 022894 号

战　国

ZHAN GUO

君玉离　萧十二　编著

责任编辑	王　耀　张晶晶
责任校对	何小玲
封面设计	吕丽梅
责任印制	包建辉
出版发行	浙江工商大学出版社 （杭州市教工路198号　邮政编码310012） （E-mail: zjgsupress@163.com） （网址: http://www.zjgsupress.com） 电话：0571-88904980，88831806（传真）
排　　版	北京东方视点数据技术有限公司
印　　刷	唐山富达印务有限公司
开　　本	787mm×1092mm　1/32
印　　张	28
字　　数	576 千
版印次	2022年9月第1版　2024年1月第2次印刷
书　　号	ISBN 978-7-5178-4838-7
定　　价	198.00 元（全四册）

版权所有　侵权必究

如发现印装质量问题，影响阅读，请和营销与发行中心联系

联系电话　0571-88904970

目　录

第一章　败秦存赵，信陵君孤臣纵横

养士时代 _ 003

开始于七十岁的事业 _ 008

秦国靠不住 _ 014

偷出来的援军 _ 020

市场上的贤人 _ 026

老家并不安全 _ 032

第二章　承前启后，乱世中的发展

要致富，先修路 _ 039

最早的商业家 _ 043

堪比艺术品的货币 _ 047

使用年限超过两千年 _ 051

先进武器 _ 055

煮熟的医生 _ 059

给平民一个机会 _ 063

艺术的奇葩 _ 067

第三章　奇货可居，秦庄王掌权

　　买卖国君 _ 073

　　送货上门的学问 _ 079

　　姓吕还是姓嬴 _ 084

　　三天国君 _ 089

　　传奇女子赵姬 _ 094

　　《吕氏春秋》横空出世 _ 097

　　太后生子 _ 103

　　赢到尽头总是输 _ 110

第四章　东周灭亡，无可奈何花落去

　　太子的替身 _ 119

　　借钱打仗 _ 126

　　东周灭亡 _ 131

　　联合攻秦 _ 137

　　买一送一的王后 _ 142

　　春申君之死 _ 147

第五章　合纵失败，六国灭秦梦碎

　　秦国，李斯的选择 _ 153

　　城门失火，殃及池鱼 _ 157

　　不想离开你 _ 163

　　尉缭子的幸福生活 _ 169

　　韩非与《韩非子》_ 174

师兄别杀我 _ 179

第六章　分久必合，天下归一

　荆轲真正的剑术 _ 187

　礼下于人，必有所求 _ 191

　壮士易水别燕丹 _ 198

　荆轲刺秦王 _ 203

　六国的末路 _ 207

　天下一统，战国落幕 _ 211

第一章
败秦存赵,信陵君孤臣纵横

养士时代

周赧王五十七年（公元前258年），历史上著名的信陵君窃符救赵一事发生，从此信陵君这个人成为了家喻户晓的人物。对于当时战国的形势而言，他的这一举动不仅挽救了邯郸、挽救了赵国，更阻止了秦国灭除六国的步伐，保障了魏国的暂时平安。

当时属战国末期，秦国吞并六国日急，战争进行得频繁而激烈。公元前260年，长平之战，秦军惨胜、赵军惨败，40万赵国精壮之士被白起坑杀。秦国为了完成一统天下的宏伟蓝图，遂乘胜进围赵国首都邯郸，企图一举灭赵，再进一步吞并韩、魏、楚、燕、齐等国。当此之时，各国的形势都十分紧张，特别是赵国都城邯郸被围甚急，诸侯或者被秦国的兵威所慑，不敢援助，或者出于隔岸观火的考虑，想要坐收渔翁之利。然而赵国势单力孤，赵王遂命平原君赵胜想办法到其他国家求援，因为魏国是赵国的近邻，又是姻亲之国，所以平原君第一个想到了魏国。对于魏国来说，唇亡齿寒，户破堂危，救援赵国就等于是救助自己，赵国存在就等于魏国也存在，反之，赵亡魏也将随之灭亡。但是，经历连番的大败，魏国君主对于秦国的虎狼之师已经生出了巨大的畏惧之心，所以不肯发兵救赵。这才有了信陵君窃符救赵之事。

世人只知道信陵君窃符救赵，却少有人知道上述背景，甚至连信陵君何许人也，也不甚了解。

信陵君名叫魏无忌，其生年不详，公元前243年，因沉迷于酒色而英年早逝。信陵君是魏昭王的少子，安釐王的同父异母的弟弟，是魏国名正言顺的贵族阶级。信陵君一个重要的才能便是其军事指挥才能，在他的领导下，魏军多次挫败秦国一统天下的图谋，而他也因此成为战国末期魏国著名的军事家。关于其封号的来源，《史记》记载说，安釐王元年（公元前276年），魏无忌被封于信陵（今河南宁陵县），所以后世皆称其为信陵君，与齐国孟尝君田文、楚国春申君黄歇、赵国平原君赵胜并称战国四公子。

当然，在最初的时候，信陵君的军事天赋并没有全部体现出来，人们之所以尊敬他、崇拜他，是因为信陵君能够广纳贤才，豢养了大量的食客士人。

其实，这一切都要归功于当时社会喜好养士的风气。当时的士，范围是很广泛的，除了代表农与工肆之人等底层阶级的墨家之外，很多人都代表了地主阶级参与政治活动。其实，养士在春秋时期诸侯卿大夫的促进下，便逐渐开始和发展，到了战国时期，山东各国，除了君主喜好之外，许多王侯将相争着养士，士成为社会上最活跃的一种人。而信陵君就是在这样的社会风气影响下，加之自己的名誉、财富、地位以及才德，变得人人敬服。

史书记载道:"公子为人仁而下士,士无贤不肖皆谦而礼交之,不敢以其富贵骄士。士以此方数千里争往归之,致食客三千人。"

当时的士主要可以分为四类,一类是学士,如儒、墨、道、名、法、农等专门家,其中以儒家、墨家的影响最大,但是法家却最为适用,各家都通过著书立说,反映当时社会各阶级的思想,提出有利于各自阶级利益的政治主张,在文化上作出巨大贡献的同时,也在政治上产生了巨大的影响。

养士的声名很大,所以当他们到了一个国家之后,其待遇就会异常的优厚,尤其是其中的著名人物,更是享受着无与伦比的尊崇。如儒家大师孟子,每次外出游学,便有车数十乘作为其仪仗队,还有侍从数百人来服侍孟子及其座下弟子。孟子在各国之间往来,因为其名声显赫,各国从君主到底层贫民,都争相一睹其风貌,一闻其论述。而这一期间,君主将相都馈赠孟子以黄金,供给他及其随从衣食和住宿。

还有一类影响力较大的人,被称为策士,也就是擅长合纵连横策略的纵横家。这一类人对政治有深刻的理解,自己也有实际可用的才能,他们能够凭借口舌之利,让自己的主张得到君主或者那些大贵族们的认可并且得到施行,最终功成名就。

后人根据当时人们对政治的议论,还形成了一本专门记述这些议论的专著——《战国策》,其中最具代表性的人物,就是苏秦和张仪,这两个人同是鬼谷子的弟子,却侍奉不同的君主,让战国之世更加风云激荡。

此外,还有一类被称作方士或术士,粗略看来,他们似乎对整个战国的局势影响不大,而且大多还是一些旁门左道。但是仔细分来，这些人还可以划分为两种。

第一种是天文、地理、历算、农业、医药、技艺等学科的专家，同样的著书立说，让他们的思想得到了广泛的传播，尤其是在民间，其实用性很大。另外一种则是用阴阳哲学、神仙之术、卜筮、占梦以预测吉凶、房中术等骗取衣食的游方之士，当然，在当时看来，他们的言论最接近其心灵的真实存在。这一类人在一定程度上促进了原始宗教的发展，其中阴阳、神仙等思想，为中国传统道教的发展奠定了一定的理论基础。

另一类是当时社会最看不起却影响巨大的人——食客。毫无疑问的是，这一类人的数量极其多，战国四公子之所以能够成名，在一定程度上也是拜他们所赐。据记载，当时信陵君的门下食客就要数千人，其中的类别十分复杂，包括鸡鸣、狗盗、任侠，甚至还有奸人、罪犯、屠夫、赌徒、刺客等无赖。

其中，还有很多人做了许多的荒唐之事：齐国孟尝君田文，有一次曾路过赵国。赵人久闻其大名，听说了这个消息之后，纷纷聚集在田野间观看，岂料见面不如闻名，赵人直言不讳地说道："孟尝君之名何其盛，竟然只是个短小的男人。"

田文认为自己受到了莫大的侮辱，遂大怒不已。其门下的食客见状，也纷纷怒目回视。岂料那些赵人不但没有终止讥笑，反而变本加厉。孟尝君门下食客大多出生于江湖草莽之间，见主人受辱，愤而下车，斩杀围观赵人数百人。他们又怕孟尝君会因此英名有损，就索性一不做二不休，把一县人全部杀完，才策马而去。

没过多久，田文失位，树倒猢狲散，食客们各自四散而去；

田文复位,食客们又纷纷回来。可见如果不加以认真挑选,食客很可能只是骗吃骗喝而一无是处。

贵族领主为了招揽宾客可谓无所不用其极:赵国平原君为了供养宾客,不惜散尽家中财物;楚国春申君为了收揽真正的人才,给予了其上等宾客以著珠履的国士待遇,而且还修建了一个客都,供上等宾客居住;而齐国孟尝君则经常和宾客吃同样的饭,并赠送礼物给宾客的亲戚;信陵君待士更谦恭,不惜花费重金、四处搜求隐士为己所用,成为战国四公子当中影响力最大的人。

特殊的时代为孕育养士提供了特殊的土壤。在这群雄争霸的战国乱世,养士的盛行构成了一幅色彩绚丽的水彩,为历史留下了浓墨重彩的一笔。

开始于七十岁的事业

战国时代，地主阶级的权力日益增长，贵族统治者权力削弱，领主地位日益危殆。

虽然如此，但这并不代表贵族领主和统治君主之间就没有矛盾，贵族领主们豢养士人的名声在外，所谓树大招风，各国君主自然不敢掉以轻心。是故如同战国四公子等人，虽然贤名满天下，却很容易就招致君主的防备甚至是嫉恨。所以在很多场合，历史所展现的这些公子们，都是游手好闲的样子，拿着国家的俸禄，依靠封地来过活并培植自己的势力，虽偶尔参与议论国政，却很少有人真正地能够左右国家政治。

据《史记·魏公子列传》记载，有一日，信陵君正和魏王惬意地下着棋，几局下来，信陵君都未尝一败。魏王自然不甘心，正准备大杀四方之时，一个卫兵急急忙忙走了过来，向魏王报告说，魏国刚刚接到北部边境的烽火战报，赵国军队大举入侵魏国的北部边境。

魏王一听，顿时大惊失色，遂让信陵君稍等片刻，待他召集大臣们一起商议好应对之策之后，再和信陵君对弈。

岂料信陵君竟然丝毫不为所动，反而让魏王不要惊慌，气定神闲地说道："赵王不过是找了随从军士，一起狩猎而已，不会是来攻打魏国的。"魏王闻言，自然不会相信，心中忐忑不安，虽然坐了下来，和信陵君继续博弈，但却显得身在曹营心在汉。正在这时候，北方又传来了战报，证实了信陵君所言非虚，魏王顿时感到胸中泛起一股凉气，遂好奇地问道："公子怎么能够知晓这件事情的？"信陵君也直言不讳地说道："臣门下有食客无数，他们各怀才能，很容易就能够探知赵王的所作所为，一旦他有什么不轨的行为，食客们就会将之报告给臣，臣也就顺势将这件事情告诉给大王。"

通过这件事情，魏王进一步见识了信陵君的才能以及其背后深厚的实力，为避免大权旁落，他只能在很多时候限制信陵君的权力，国家大事都不敢擅自交付给他处理。

信陵君即使再怎么愚钝，也知道魏王是有意冷落和防备他。何况他是如此聪明之人呢？可是，对于这一切，他都不在乎，他心中所想的，就是培养士人，积蓄人才，韬光养晦，厚积薄发，让魏国逐渐摆脱衰落的命运，让那些不得志的人才能够大展拳脚，让自己能够青史留名，成就一番功名大业。

正是无巧不成书，就在信陵君准备到深山大川之中找寻隐士贤才之时，一个人的名字传入了他的耳朵。这个人就是侯嬴。

这个侯嬴也正是一个隐士，而且此人就在魏国都城大梁（今河南开封）做夷门（司马迁曾说过，他曾经寻访过大梁的夷门，此门就是大梁的东门）的一个小小的守城官吏。信陵君知晓他之时，他已经年逾古稀，因为家境贫寒，迫于生计只能隐去才华，在这里当一个名不见经传的小吏。

信陵君知道此人一定有才能，可惜被埋没在市井之中。于是，信陵君便备了一份厚礼，前去拜访侯嬴。岂料这人确是人穷志不穷，无论如何也不肯接受信陵君的馈赠。并且还对信陵君说道："小臣出身寒微，却一点没有失去志气，数十年之间，一直修身洁行，虽然现在小臣困顿不已，却不想要人来可怜小臣，是以公子的财物，小臣是断断不会接受的。"信陵君听完此言，才知道自己大错特错了，要知道，一般有才能的士子，都很崇尚气节。自己和他地位不等，身份悬殊，如此态度对待人家，不是施舍是什么？君子不受嗟来之食，这让侯嬴如何能够接受？

知错能改，善莫大焉，公子知道了自己的错误，遂在家设筵席大会宾客，不久便高朋满座。待大家都就座后，只有上座的一个位置尚是空着。信陵君让大家且自行饮酒吃肉，说笑谈天，他和随从则坐上马车，前去迎接侯嬴。

侯嬴早就听说了信陵君礼贤下士，只是从未真正地见识过。此番见信陵君亲自来迎接自己，侯嬴也毫不客气地上到车上，坐到了上座位置，心中暗想，如果不是真心的，他一定会面露不悦之色。岂料信陵君竟然亲自架上马车，对侯嬴的所作所为没有露出丝毫的不悦之色，反而更加地恭敬，看不出一点做作的嫌疑。

侯嬴也真有一套，既然这样，就再考验一下你，遂对信陵君说道："小臣有一个好友，在市集中做屠夫，小臣有个不情之请，希望公子能够把马车驾到那里，小臣想要去看看他。"公子心想，那个人既然是侯嬴的好友，如果侯嬴确实有才能，那么谈笑有鸿儒，往来无白丁，他的这位好友即使是个屠夫，也必定有其非凡的才能。于是，信陵君毫不犹豫地将车辗转驾到了侯嬴的好友朱亥处。

侯嬴见朱亥正在摊铺上，遂立马下了车，和朱亥拥抱到了一起。说起来也真奇怪，看不出这朱亥究竟有什么过人之处，面相也一般，更不像信陵君心中所想的那样英明神武。但是侯嬴见了他，竟然如同换了个人似的，全然不顾信陵君还在焦急地等待着，只顾着和朱亥在那里有说有笑。

其实，侯嬴也正是在这个过程中，暗自观察信陵君的脸色，心中暗想，只要信陵君稍微露出不悦之色，自己就不必跟着信陵君去了，还是做一个安安分分的隐士比较自在。让侯嬴意外的是，虽然时间过去很久，信陵君的面色却越显得温和，如春风一般暖人心扉。

信陵君面对侯嬴的故意拖延，竟然没有丝毫的不耐烦，反而面带憧憬，脸泛欢欣。整个大梁城，有谁不认识信陵君？众路人见他不仅亲自驾车并苦苦等待一个和屠夫为伍的糟老头子，不禁心有疑惑。更别说信陵君的随从了，他们见此，早已经在心中将侯嬴骂得狗血淋头，同时也暗自奇怪，以往信陵君办事，可是最崇尚雷厉风行的，今天竟然会耗费这么长的时间，卑躬屈膝地等待一个名不见经传的老头，实在是让人费解。

到了这个时候，历史所考验的，已经不仅仅是随从的耐心或者是信陵君的耐心，更考验的是侯嬴的耐心，也正是因为这样，信陵君才真正地被成就，历史也才真正地包含了他们，并被他们的气节所感染。

终于，侯嬴意识到，自己无法再继续下去了，或许信陵君的耐心可以无限制地久等下去，但是侯嬴觉得，那样太残忍了。于是，侯嬴辞别了朱亥，和信陵君一道回了其府上。二人到信陵君府上时，大家酒兴正酣，信陵君随即向大家一一引荐侯嬴，并对其大加赞赏。引荐完毕，二人就座。之后，信陵君站了起来，亲自为侯嬴敬酒，其门下食客不禁暗自嘀咕，以往没有听说过此人，莫非他真的有什么过人的才干，让信陵君如此的降尊纡贵。

酒至酣处，侯嬴终于忍不住了，觉得是对信陵君掏心窝子说真心话的时候了，遂真诚地对信陵君说道："侯嬴本是夷门的一位小小守城官吏，但是公子却毫不忌讳，亲自驾着马车来迎接侯嬴，侯嬴本来就身处藏污纳垢之所，公子其实不应该过分地亲近侯嬴，但是今日公子却故意来亲近侯嬴。侯嬴想要成就公子礼贤下士的名声，所以长久地站着，让公子的车骑在市集中等待，过路的人看到公子，见公子的样子更加恭敬，世人都认为，侯嬴是个不识抬举的小人，而认为公子虽位高权重，却能礼贤下士，如此，投奔公子的贤能之士必定源源不绝。"

信陵君一听，这侯嬴所言句句属实，而其行为更是出人意表，他愿意牺牲自己的名声来成就自己的名声，自己还有什么不能信任他的呢？于是，侯嬴便成为了信陵君府上的上卿。

不久，侯嬴又向公子举荐了一个人才，这个人就是朱亥，侯嬴是这样介绍的："小臣和公子在路上所看望的那个朱亥，表面上看起来是个屠夫，实际上是个贤人，只是世上很少人知道他的本质所在，他也乐得以屠夫的身份隐居在世俗之中。"信陵君听这侯嬴竟然如此抬举朱亥，朱亥必定有过人之处，于是多次去看望朱亥，并带去了大量的礼物，岂料这朱亥竟然从来不曾答谢于他，信陵君不禁心生疑虑，这是个什么样的人呢？竟然不知道知恩图报的道理，如此眼高于顶的侯嬴，何以会和一个市井小民交往甚密呢？

　　信陵君不知道，其实就在这短时间内，他已经通过自己的真诚，和侯嬴、朱亥结下了不解之缘，一旦有需要，这二人必定会为其效死力。

秦国靠不住

时为秦国称霸于诸侯，天下莫可御者。

前文提到，自范雎入秦，封侯拜相之后，便徐图公报私仇，而其最大的仇家，自然是魏国的丞相魏齐。魏齐知道自己罪责难逃，遂被迫逃去赵国，并躲在平原君家中寻求庇护。本来赵国和秦国尚未展开长平大战，赵国并不畏惧秦国，是以魏齐的安全在一时之间得到了保证。孰料秦国竟然将平原君诱骗到了秦国并加以软禁。同时还派遣使者对赵王说道："只有将魏齐的人头送来，秦国才会放了平原君。"当时的赵国听说秦王如此恐吓，哪敢收留魏齐？立刻就将他赶出了赵国。只有当朝宰相虞卿，竟直接放弃了赵国的相国之位，和魏齐逃到了大梁，用意很明显，就是想要通过信陵君去到楚国。

信陵君和虞卿不一样，他手下有食客三千，封地上有数十万百姓，国家还有许多大事情要他承担，如果他帮助了魏齐，必定会招致范雎的嫉恨，如此，秦国也就有了攻伐魏国的借口，本来就江河日下的魏国，势必会雪上加霜。于是乎，当这二人前来投奔信陵君之时，信陵君犹豫不决，心中着实不敢擅自和他们相见，还找借口对门客问道："不知这虞卿是怎么样的人？能否信任于他？"恰好这时候，侯嬴正在信陵君旁边，侯嬴见信陵君有心放任不管，遂说道："夫虞卿蹑屩檐簦，一见赵王，赐白璧一双，黄金百镒；再见，拜为上卿；三见，卒授相印，封万户侯。当此之时，天下的人都想要结识他。魏齐此人要比虞卿穷困得多，虞卿却不留恋其高官厚禄、功名地位，反而将丞相的印章还给了赵王，捐万户侯而和魏齐逃往他乡。有急切的需求的人，需要归附公子，公子却说他是怎样的人。人固然不是很容易了解的，了解一个人也不是不容易的。"

信陵君听后，心中惭愧不已，亲自驾着车，到野外去迎接他们。魏齐听说，一开始信陵君并不想要见自己，而且自己还连累了平原君和虞卿受苦受难，遭受无妄之灾，秦国势大，反正已经无法逃避，遂愤而自杀。赵王闻讯，遂派人来取了魏齐的人头，换回了平原君。对于此事，信陵君一直耿耿于怀，以至于多年过去，提起这件事情还愧疚不已。

信陵君正是因为考虑到个人的荣辱比起国家的兴亡，实在是微不足道，所以才会犹豫是否要帮助魏齐。可见他在国家大事上，一点也不含糊。

在魏国安釐王即位十几年之后，齐国和楚国订立盟约，一起攻伐魏国，恰好这时候唐雎出使秦国，说服了秦昭襄王发兵，魏国得救。但是这魏王却是个毫无见识、鼠目寸光之人，他见秦国强大而且还有襄助之劳，遂决意亲厚秦国一起讨伐韩国，魏国上下都不能劝阻。

只有信陵君心知秦国乃虎狼之国，有席卷天下，包举宇内，囊括四海之意，并吞八荒之心。遂向魏王纵论天下大势，借以劝阻魏国莫要亲厚秦国：

"秦国人和狄戎的习俗何其相似，他们有着虎狼一样的心肠，贪婪凶狠，贪慕名利而从来不讲信誉，也不管礼义德行是什么，他们也一点不知道。对于整个天下，他们不曾施厚恩，积大德。只要事情对他们有好处，秦国人就会好像禽兽一样，连亲兄弟也不放过，这是天下人所共知的事情。比如穰侯魏冉本是秦王的舅父，在秦国而言，可谓厥功至伟，可是贪婪的秦国为了自己，竟然把他驱逐出咸阳以致客死异乡；秦王的两个弟弟一直安分守己，不曾犯错，其封地却一再被秦王削弱。秦国对于至亲之人，都能如此绝情绝义，何况对仇敌之国呢？如今大王与秦国共同攻伐韩国，只要韩国对秦国不具备任何威胁，并且秦国也在这一过程中获得了足够的好处，魏国就会更加接近秦国这一火海而特别的危险，臣特别感到迷惑不解，大王何以会选择联合秦国来威胁自己的国家呢？大王不明白这个道理就是不明，臣下没有来向您奏闻这个道理就是不忠。"

如果说一开始，魏王乍听信陵君反对自己和秦国联盟，还心有不服，那么到了现在，魏王则感到心服口服，要是没有信陵君，自己又要犯错误了。信陵君见自己的劝阻已经有了效果，遂进一步说道："当今的韩国，不过是在孤儿寡母的统治下苟延残喘，大王应该知道，韩国必将会不断地衰落下去。况且韩国还需要和强大的秦国、魏国大军交战，如此的内忧外困，它还能够支撑得了多久？一旦韩国灭亡，秦国势必要占有原来郑国的土地，此地和大梁相邻，到时候魏国便会如羊入虎口一般，说不定哪一天秦国就会找魏国的麻烦，大王拿什么去阻挡？大王的本意是好的，臣知道，大王不过是想要收回原来魏国的土地，可是即使魏国和秦国联盟了，秦国就会坐视魏国的强大吗？"

信陵君三言两语之间，就将魏王给唬住了，只听信陵君继续说道："秦国不是一个安分的国家，韩国灭亡后必将另起事端，另起事端必定要找容易的和有利的目标，找容易的和有利的目标必定不去找楚国和赵国。原因何在？如果必须跨越高山黄河，再穿过韩国的上党去进攻赵国，这是重复阏与一战的失败，秦国一定不会重蹈覆辙。如果从河内取道，背对邺城和朝歌，横渡漳水和滏水，与赵军在邯郸郊外决战，这就会遇到智伯那样的灾祸，秦国自然不敢这样做。进攻楚国要通过涉谷，行军三千里，路途遥远且目标不易攻取，秦国也不会这样做的。如果从河外取道，背对大梁，右边是上蔡和召陵，与楚军决战于陈城郊外，秦国又不敢。所以，秦国一定不会首先进攻楚国和赵国，更不会首先进攻卫国和齐国。"

其实，信陵君分析到了这一步，魏王已经知道了魏国的形势。信陵君继续说道："韩国灭亡之后，秦国出兵的时候，除魏国外没有它国可以进攻。秦国本来就已占有怀邑等地，如果其在垝津筑城逼近河内，那么河内的共城与汲邑必定会面临危险；秦国占据郑国故地，得到垣雍城后将荥泽决开，水淹大梁，大梁就会失陷。大王的使臣去秦已成过失，而又在秦国对安陵氏进行毁谤，秦国早就想诛灭它了。秦国的叶阳、昆阳之地与魏国的舞阳相邻，听任使臣毁谤安陵氏，秦军就会绕过舞阳北边而从东边靠近许国故地，这样一来南方一定危急，魏国肯定会陷入危险的境地当中。"

此外，信陵君还就私人和国家的关系进行了论述，他知道魏王和韩国王室交恶，是故说道："憎恶韩国、不喜爱安陵氏是可以的，可是魏国更需要担心的是，秦国会选择进攻魏国。以前，秦国在河西晋国故地，去大梁有千里之远，黄河及高山将其阻挡，周与韩将其隔开。林乡一战以来，秦国已攻打魏国七次，有五次攻入囿中，其攻陷边境城邑后，毁文台，烧垂都，砍伐林木，猎尽麋鹿，围国都。秦军又到达大梁以北，往东打到陶、卫两城的郊外，往北打到平监。丧失给秦国的有山南山北，河外河内，几十个大县，几百个名都。秦国在离大梁一千里的时候，就已经造成了如此祸患。又何况让秦国灭了韩国，据有郑国故地，没有黄河大山的阻拦，东、西二周和韩国都再也不能阻挡秦军的脚步，到时秦军离大梁只有一百里，只要他们挥师东进，则魏国必定会大祸临头。"

其实，魏王之所以想选择和秦国联盟，不过是为了韩国占据的那一亩三分地，是故信陵君重新提出了合纵的主张，他说道："从前，合纵很少取得成功，因为楚、魏之间互不信任，而韩国不愿参加盟约。现今韩国已经遭受战祸三年了，秦国逼迫它屈从并同自己媾和，韩国虽知要亡却不肯听从，反而将人质送到赵国，以示愿与秦国死战。楚国与赵国必定集结军队相助，他们都知道秦国对各诸侯国虎视眈眈，野心极大，只有把天下各诸侯国完全灭亡，使海内之民都臣服于秦国才会善罢甘休。所以臣愿意用合纵的主张报效大王，大王应该马上接受楚国和赵国的盟约，挟持韩国的人质来保住韩国，借此向韩国索地，韩国一定会送还。这样做军民不受劳苦就可以重得旧地，其效果要超过与秦国一起去进攻韩国，且不会有与强秦为邻的祸害。"

最后，信陵君还从保全韩国和失去韩国正反两个方面，论述对魏国的利弊："保全韩国对魏国有利，这是上天赐给大王的良机。开通共城、宁邑到韩国上党的道路，且让这条路经过安城，颁布法令让进出的商贾都要纳税，这就好比魏国把韩国的上党作为抵押。拥有这些税收就可充足国库，韩国必定会感激魏国，如此，诸如反叛魏国这等对魏国不利的事情，韩国定然不敢做。到此为止，韩国其实已经不再是独立的，而成为了魏国的一个郡县，魏国得到韩国作为郡县，大梁、卫国、河外等地区必然受到拱卫，秦国也不敢擅自征伐。如果不保存韩国，东、西二周，安陵也会陷入秦国的重兵围困，进而灭亡，到了楚国和赵国也大败之后，天下就没有国家不惧怕秦国了。群雄束手，诸侯拥立，秦国不久就能够一统天下。"

在信陵君的忠言劝谏下，魏王最终决定，不和秦国建立联盟，也暂时不进攻韩国，只可惜，后来韩国终被秦王所灭，5年之后，魏国也被灭亡。但是可以论定的是，信陵君贵为魏国公子，却没有养尊处优、目光短浅，反而有着高瞻远瞩的战略眼光，不愧为被后人所敬仰的出色军事家。

偷出来的援军

公元前260年，赵国45万大军，在赵括的错误战略下，悉数在长平被杀。两年之后，秦军在王陵的率领下，兵临邯郸城下并加以重重围困。可是，经过两年的对峙，秦军不断地增添人马，却始终难以攻克邯郸。而镇守邯郸的，就是赵国名将之一的廉颇。只因为白起不忿范雎，所以坚决不出征，秦王只能用王龁替代王陵。所谓千金易得、一将难求，在大将廉颇的守护下，邯郸城固若金汤。王龁用尽招数，却还是奈廉颇不得，战争的天平在不知不觉之间，已经开始向赵国倾斜。为了尽快解除邯郸之困，平原君遂前往魏国求救。

信陵君的姐姐是赵国平原君的夫人，平原君自然毫无顾忌地向信陵君陈述了韩、赵、魏三家一体，互为依存的关系，也向他说明了，秦国一旦灭亡赵国，魏国也必定危急的事实。信陵君也知道，韩国灭亡了，魏国危急，其实赵国灭亡了，魏国何尝不是一样的危急呢？是故信陵君向魏王陈述了这些利害关系。魏王经过左右权衡，艰难挣扎，最终决定让将军晋鄙领兵十万救赵。

然而，晋鄙大军却在邺屯留了下来，扎筑起了营垒，名义上是救赵国，实际上则是持左右观望的态度，在邺隔岸观火，以待时变。

信陵君听闻了这个消息，心中震惊不已，如此贻误战机，陷赵国邯郸于危险境地，真是愚蠢至极。其实，在此之前，秦王就派遣来了使者，向魏王威胁道："秦军旦夕之间就能够攻克邯郸、灭亡赵国，诸侯任何一个国家如果胆敢救援赵国，秦军邯郸战事一结束，必定首先去攻打它。"同时，秦国还许以魏国以重利，试图暂时稳住魏国，魏王果然上当。

而另一边，平原君则是急切得如同热锅上的蚂蚁，他派往魏求救的使者接连不断，却一直都没有结果，遂责怪信陵君道："赵胜之所以和公子结为婚姻亲戚，是因为我考虑到了公子的高义，能够在关键时刻，急人之难、救人之困。今邯郸旦暮之间，眼看马上就会在秦军的铁骑之下被攻克，而魏国的援军却久久不能到达，何以体现公子的高风亮节呢？难道这一切都只是徒有虚名吗？纵使公子瞧不起赵胜，认为我不配和你结为姻亲关系，而投降于秦国，你也不能不怜惜自己的姐姐啊。"

信陵君见平原君如此说，心中可真不是个滋味，便派门下食客辩士多次前去劝谏魏王。只可惜任你说得天花乱坠，魏王就是不为所动。秦国太强大了，任何一个国家，也不敢在老虎身上拔毛，魏王深切地知道，魏国军队已经元气大伤，不复当年的悍勇和强势，对抗秦军无异于是以卵击石。

黔驴技穷之下，信陵君为了不失信义，遂准备做困兽之斗。他率领门下食客，带领100辆车马前去援救赵国。哪怕是拼死一搏，同归于尽，也比遭受平原君的指责而良心不安来的好。

恰好，这一行战车路过夷门时遇见了侯嬴，侯嬴见状甚感奇怪，遂问询信陵君，这是在做什么。信陵君正感到一腔怨愤无人能懂得，见侯嬴前来，遂引为知己而坦言相告，希望这侯嬴能够知恩图报，即使不和自己前去赵国，也起码给自己出谋划策，看看有什么好办法能够击退秦军。

岂料这侯嬴竟然将往日的恩情忘得一干二净，见信陵君前去送死，只是淡然说道："公子好自为之，去赵国大展拳脚，小臣就不跟随你了。"信陵君见状，顿时失望透顶，只能驾着车马，继续前进，到了大梁城数里之外，心中更加感到不忿："天下谁人不知，谁人不晓，我对待侯嬴，可谓关怀备至，今天我就要去送死了，侯嬴竟然一句离别的话都没有，所以，我感到什么是世态炎凉，人心不古。我倒要看看，这侯嬴的心到底是什么做的，怎么能够对我的前途不闻不问呢？"

于是，信陵君驱车回到了夷门，希望能够解除心中的疑惑，见到侯嬴，不待信陵君发问，侯嬴便笑着说道："小臣早就知道，公子会回来的，公子喜好结交士人，你的美名已经传到天下。今日公子因为急人之难，却没有其他办法，只能披挂上阵，亲自去支援邯郸，攻打秦军，公子这样做法，无异于羊入虎口，不会有丝毫的功劳，更对邯郸没有半点帮助。既然如此，公子养了这么多的食客，又有什么用处呢？然而，公子一直厚待我侯嬴，此番公子离去，臣却连送也没有，因此，臣知道公子必然心中不平，要回来问个清楚明白。"

信陵君一听，看来自己的猜测没有错，这侯嬴不是忘恩负义之辈，他的胸中应该早已经有了定计。于是，信陵君连忙向侯嬴问道，该如何解决眼下的危局。侯嬴向信陵君使了一个眼色，信陵君当即知道，未免隔墙有耳、人多嘴杂，遂寻了一个僻静之所，和侯嬴单独相处。

见周围没有外人，侯嬴神色紧张地再向四周望了一番，确信安全之后，便神秘地对信陵君说道："侯嬴听说，调集晋鄙大军的兵符，常常放在王上的卧室之内。当今后宫之中，有佳丽无数，却唯独一人最得大王宠信。这个人就是如姬。她因为大王的宠爱，所以能够经常出入大王的卧室之中，依照侯嬴看，找如姬帮忙办这件事情，十之八九能够成功。"

信陵君知道，此计甚妙，只可惜如何能够让她心甘情愿地帮助自己，成了最大的难题，只听侯嬴胸有成竹地说道："侯嬴听闻，如姬的父亲被人杀害，如姬求了三年，希望魏王和其他大臣能够为她报仇雪恨，可是却一直没有成功，如姬无奈之下，哭诉着找到了公子，公子什么也没说，派遣门客直接将其仇家的人头送给了如姬。如姬定对公子心怀感激，哪怕是要她为公子去死，她也会奋不顾身，只是公子一直没有找她罢了。只要公子开口，请如姬出山，则如姬必定赴汤蹈火为公子盗取兵符，掌控晋鄙大军的大权也就会落入公子的手中，如此，公子便可以北上去救援赵国、西去抵御秦国，这正是王霸的大业。"

信陵君听完，大呼妙计，这侯嬴果然有才智，在这样的紧要关头，能够想出这么巧妙的方法。于是，信陵君连夜入宫，找到了如姬。如姬听闻信陵君大驾光临，心中欢喜无限，屏退了左右。信陵君将心中所想一一向如姬陈述，如姬也知道，此事不管成与不成，自己都会面临巨大的危险，可俗话说"滴水之恩当涌泉相报"，莫说信陵君为自己报了杀父之仇，就是冲着他的为人，即使肝脑涂地，也势必要毫不犹豫地帮助信陵君。

不日，如姬终归有惊无险地将虎符盗取了出来，交到了信陵君的手中，并让信陵君小心。道了一声珍重，信陵君便马不停蹄地找到了侯嬴，准备一起前去调集晋鄙的大军。

然而，侯嬴却还是表示不赞成公子的举动：信陵君即使拿了虎符去和晋鄙的另一半虎符会合，却难免晋鄙不会心生怀疑。如果他一时之间不愿意交出兵权，反而先向大王请示一番，则信陵君出兵救援赵国一事，就不能成功了，而信陵君还会因为擅自调动军队，以图谋不轨之罪而受刑。

于是，侯嬴向信陵君推荐了一个人，这个人就是前面提到的屠夫，也是侯嬴的好友朱亥，只要有他相伴左右，到时候一旦晋鄙不听从信陵君的吩咐，他必然能够代替信陵君将其诛杀，如此，可策万全。

信陵君听了侯嬴之计策，瞬时间大哭了起来，侯嬴胸中疑惑，公子何以会哭泣不已，难道是害怕此行祸福难料？于是，侯嬴将心中的疑惑说了出来。信陵君回答道："晋鄙是魏国的大将，曾经为魏国立下了赫赫战功，是魏国不可多得的将才，但是他却一直忠心于魏王，和我并没有什么私交，此次前去，恐怕他不会轻易将兵权交付给我，到时候朱亥必定会杀了他，魏国痛失如此良才，我心中痛苦不已，才会哭泣的，哪里是害怕死亡呢？"

但是，到了这个时候，再怎么痛苦也必须忍痛割爱，否则一旦魏王知道了兵符不在，信陵君危险不说，救援赵国的事情也就没了希望。

于是，信陵君和侯嬴火速找到了朱亥，邀请他一同前去，保全信陵君。

朱亥也是个真豪杰，二话没说，就答应了信陵君的请求，因为在他心中，深刻地感念着信陵君的恩德。在世俗人的眼中，他朱亥不过是个市井杀猪宰牛之辈，然而信陵君却从来没有瞧不起他，而且还多次亲自前来拜访他，赐予他许多礼物。一直以来，朱亥都没有任何感激的话、感谢的行动，只是因为，他认为自己的那点小小的礼其实没有什么用处，信陵君欣赏的，不过是他这个人而已。如今信陵君有急难，朱亥自然要肝脑涂地、为其效死力。

在途中，朱亥不吐不快，将心中所想告知了信陵君，一时之间，让信陵君感动不已，他知道，自己没有看错人，士为知己者死，他们能够在一点恩惠下，为自己效死力，自己也大可以将他们引为知己。

信陵君知道，这一切都是拜侯嬴所赐，遂对侯嬴拜了又拜，侯嬴遂说道："我本来应该随同公子前去的，只可惜老人体衰，已经走不动了，我将留守此地，拖延魏王的查访者，并在心中默念公子到达晋鄙大军驻地的日子，到时候我一定会面朝北方，自刎以为公子送行。"信陵君见侯嬴死志已决，心知无法再去改变，只能挥泪辞别。

此时此刻，信陵君的心情正应了那一句话：人生得一知己，夫复何求？

市场上的贤人

信陵君一行很快就到达了魏国10万大军的屯军之所邺，一路无话。信陵君很快就见到了晋鄙，将自己手上的半块兵符拿了出来，与晋鄙手中的另外一半合在一起，没有丝毫误差。

不过晋鄙心中还是很奇怪，魏王在自己带兵之初，就特别下令，让自己好生带领魏军，切不可以擅自去救援邯郸，不可擅自和秦军交战。如今魏王只字未提，连诏令也没有发出，只有信陵君带着半块兵符到此，莫非大王不察，让信陵君盗取了兵符？且先试上一试。

于是，晋鄙望了望信陵君身边的那个大汉，即朱亥，稍感诧异，遂问询道："承蒙大王器重，晋鄙率领魏国10万精锐，在此边境之上，静待时局的变动，继而随机应变，此乃国家兴亡的重任。今日见公子前来，竟然只有单车，恐怕于理不合，这是为什么呢？如果公子说不出理由，叫我哪里敢擅自给公子兵权呢？"

信陵君一听，就知道这晋鄙果然非比常人，一时之间也不知道该如何应对。再看看军营周围，竟然全是带甲之士，只要晋鄙

人物故事图册·信陵君访侯嬴　清　吴历

虎符

将令一出，他们便会一拥而上。看来，这晋鄙对于信陵君，早就有了防范。

见此事不能善了，危急时刻，朱亥怒目圆睁，"呼呼"地从袖子中抽出了重达40斤的铁锥，轮了一圈之后，轰然向晋鄙砸去。晋鄙不料想，这名不见经传的大汉，胆敢在10万大军中，对自己动手。猝不及防之下，被朱亥砸成了一摊肉泥。

军中将士见状，纷纷拔出手中宝剑。信陵君急中生智，对大家大喝一声，说道："兵符在此，晋鄙不服从大王命令，图谋不轨，意欲谋害我等，已被我就地正法，相信大家对于晋鄙的犯上作乱之举，都不知情，所以只要誓死跟随我，奉大王号令，前去解救了邯郸，则不但无过，反而有功。"

众人其实早就听说了信陵君的名声，此番即使心中有所疑虑，但因为军人的天职就是服从，他们只能从了信陵君。况且无论功过，他们都不会受到牵连，眼下晋鄙已经死了，只要他们能够立下功勋，料来不会出什么问题。对于秦军往日的所作所为，他们早就想报仇雪恨了。

信陵君有惊无险地做了邺城10万魏国军队的统领，他知道，此次魏军前去，面对的可是秦国的精锐之师，魏国军队的战力不如秦军，十之八九会被秦国军队剿灭，为免魏国以后落得个家中无人，信陵君遂对全军下令道："父亲和儿子，如果都在此次出征的大军之中的，则准其父亲回去家里；兄弟都在魏军中的，则准其兄弟回到家中；如果是个独子而没有兄弟的，也准其回到家中，赡养老人，抚养子女。"

听闻这条军令，除非是逼不得已必须回到家中的，一般的军人，都愿意留下来，甚至是曾经忠心于晋鄙的人，也愿意留下来为信陵君效死力。最终，魏国选取了8万士气高昂、心存必死之心的精锐战士。虽然数量远不及秦军，但是士气高昂、人人都抱着必死的决心参加战斗，是故其战力大大提升。

果然，这8万魏军如同猛虎下山，和赵军里外夹攻，楚国大军未到，就把秦军打得落花流水，邯郸之围就此解除。

赵王和平原君感念信陵君的大恩大德，遂一起到了邯郸的郊外，来迎接信陵君。赵王对其拜了又拜，顿首称谢道："从古至今，天下的贤达之人并不在少数，但是如同公子者，则可以说是前无古人。"信陵君听了这话，感到自己的一番努力终于没有白费，就连曾经辱骂过自己的平原君，也亲自背着箭袋子，为信陵君引路。

信陵君对于这一切，都心怀感激。然而，他的眼光却看向了遥远的南方，也正是侯嬴所在的大梁。从今以后，自己恐怕再也难以回到魏国了，与此同时，侯嬴也很可能已经面向北方，自杀多时了。

而事实也确实如此。就在他成功地夺取了魏国10万大军的统领大权之后，侯嬴就已经在北乡自杀。信陵君窃兵符的主意是侯嬴出的，而且朱亥也是侯嬴介绍给信陵君的，侯嬴自然惧怕魏王追究；再者侯嬴料想信陵君此去定然能够击溃秦军，但是必不能再回魏国。古语云"士为知己者死"，既然信陵君这位知己已经走了，自己也垂垂老矣，只能以死来慰藉思念之苦。

而另一边，魏王在听说了信陵君盗取兵符，杀害大将晋鄙并擅自调动兵马和秦国为敌之后，大怒不已。大梁城中传出消息，只要信陵君回到大梁，魏王必定严惩不贷。其实魏王并不是真的要处罚信陵君，眼下秦军已退，赵国不亡，则魏国也得到一时的安全。

但是魏王害怕秦军会兵锋转向，攻伐魏国。是以魏王将一切的罪责都推给了信陵君，也好让秦军找不到攻打魏国的理由。

在赵王和平原君的挽留下，已经走投无路的信陵君假意推脱了几天之后，便顺势留在了赵国。时光荏苒，岁月如梭，一转眼之间，信陵君在赵国已经待了足足十年的时间。

这十年时间，赵王和平原君对信陵君一直心怀感激，便商议给信陵君五座城池，作为他的封地。信陵君听闻了这件事情，也感到异常高兴，心中不免有些飘飘然。

信陵君不知道，自己已经陷入了一种危险的境地之中。

幸好他门下有一食客见信陵君如此作态，便直言不讳地对信陵君说："有些事情可以不忘记，然而有些事情却不可以不忘记，夫人对公子有恩德，公子切不可以忘记她；公子对其他人也有恩德，希望公子能够忘记。公子轻视魏王的诏令，夺取了晋鄙的十万大军，用以援救赵国，公子对于赵国，可谓厥功至伟，但是对于魏国而言，特别是魏王而言，公子则并不是忠臣，做的事情自然也不符合魏国利益，公子却骄傲，认为自己有莫大的功劳，窃以为，公子这样做，是不合道理的。"

信陵君听闻门下食客这么说，顿时感到无地自容、自责不已。别人问他为何会这样时，信陵君说，自己罪孽深重，一方面对不起魏国和魏王，另一方面对于赵国则无尺寸之功，还享受如此尊崇的待遇。赵王邀请信陵君来饮酒，一听信陵君这么说，也就不好意思将五座城池封赏给信陵君，只将鄗（今河北柏乡县北）作为公子的"汤沐邑"。不久以后，信陵君将八万魏军交付了魏国，还对魏王表示了自己的愧疚，魏王自知自己的才智不及信陵君，魏国没有他，其他国家便不会顾及魏国，是以魏王也多次表示，希望信陵君能够回到大梁，以往的过错也一笔勾销，魏国还将信陵封赏给了信陵君。

信陵君毫不客气地接受了信陵，但却并不急于回到魏国。

在赵国这边，他也没有闲着，依旧延续着自己喜爱养士的风格。这时候，信陵君正好听闻，赵国有一个叫做毛公的大才，在赌徒之中做个隐士。另外还有一个人叫作薛公，他在卖浆人家中隐藏，也有不一般的才能。除此以外，这二人竟然还是经常在一起游玩的好友。

大凡有大才的人，如果做了隐士，要么是为了真正过闲云野鹤的日子，要么是为了找到自己真正的伯乐一展才华而暂时隐退。他们都会有一个特点：不轻易和别人相见。这二人也这样，对于信陵君，也一直藏而不见，只是信陵君不知道，这二人的心里到底是怎么想的，可是无论怎么样，都要努力一番跟着这二人。

于是，信陵君偷偷打听到了二人的住所，趁着二人相邀外出游玩的机会，信陵君也加入了其中。二人见信陵君谈吐不凡，心胸开阔，爱惜人才，不耻下问，遂倾心和信陵君交往，信陵君也倾慕这二人的才华和洒脱的气质，一时之间，这三人便成了要好的朋友。

然而，平原君对这一切却并不是很赞同，他对自己的夫人说道:"一开始之时,我听闻夫人的弟弟信陵君天下无双,现在看来,信陵君竟然不顾身份,和赌徒、卖浆者一起游玩,信陵君太轻浮了。"

其夫人一听,还真是这么回事。于是,她便将平原君对信陵君的看法告知了信陵君,希望他能够马上回头。岂料信陵君也毫不客气,针锋相对地说道:"一开始之时,我听说平原君贤达之人,因此才会背弃魏王,千里迢迢率领大军前来营救赵国,也成就了平原君的名声。但平原君外出游玩之时,不过只有豪放的举动而已,却没有求取真正的士人。无忌还在大梁的时候,就听说了这二人的贤达,到了赵国之后,一直恐惧不能见到,无忌和他们一起外出游玩,尚且担心他们不想让我一同前往,今日平原君竟然认为这是一件羞耻的事情,他也是不能够和我等一起游玩的。"

老家并不安全

经此一事，信陵君觉得，自己再待在赵国，只会徒惹麻烦。遂整顿行装，准备离开赵国，到别的地方去。而在这一期间，秦国听说信陵君在赵国，魏王身边没有可用之人，遂多次出兵，大举攻伐魏国，魏国军队则是屡战屡败。魏王也感到了事态的严重性，如果信陵君再不回到魏国，则秦国必定会一点一点地将魏国的大好河山蚕食。所以魏王便派遣了使者，前去请信陵君回国。然而信陵君却惧怕这是魏王的计策，将自己骗回去之后，就会对自己下毒手，为免食客劝谏，信陵君下了严令："有敢为魏王使通者，死。"

一时之间，信陵君门下食客，对这件事也噤若寒蝉，唯独他在赵国结识的毛公和薛公，直言相谏道："公子之所以在赵国受到重视，并且闻达于诸侯，就是因为有魏国的缘故。今日秦国攻伐魏国，魏国告急而公子竟然不理不顾，使得秦军攻克了大梁，捣毁了魏国历代先王的宗庙陵寝，以后公子还哪里有面目能够在天下立足呢？"

公子听闻了这句话,遂决意回到魏国。平原君此时也来到信陵君府上,免冠谢罪,希望他能够留下来,而且平原君的门客听说了这件事情之后,也有一半的人,愿意离开平原君而跟随信陵君一起,只是希望他能留下来。

但是信陵君心意已决,平原君之事不过是个导火索,毛公和薛公的话才是让他下定决心的关键。平原君和赵王都不能留住他,不日,信陵君便驱车回到了魏国都城大梁。

魏王听说信陵君愿意回到魏国,一时喜不自胜,亲自到大梁城外相迎。魏王见到信陵君,更是喜极而泣,信陵君多年未回到故土,自然也是热泪纵横。不久,魏王便封信陵君为上将军,统帅魏国军队。如此一来,信陵君成了为数不多的既是贵族又掌握实权的人。

不过信陵君也确实不负众望,凭借自己在政治、外交、军事上的非凡才能频频救魏国于水火之中。魏安釐王三十年(公元前247年),秦军再次大举进攻和占领魏国土地,信陵君自知仅仅依靠魏国的军队,万万难以抵挡强大的秦军。遂派遣使者,同时前往列国求援。这些国家知晓了是信陵君担任魏国的军队统帅,对此次联合抗秦的信心大增,加上秦军的威胁日盛,遂纷纷派遣大军,前来援救魏国。

信陵君也就在这一期间,率领除齐国之外的东方五国大军,在北线打破了秦军于汲县设立的防线,在南线则攻击管城(今河南郑州)地区,以解除秦军对魏国都城大梁的威胁,秦军一路大败,尤其是在北线,更是溃不成军,联军趁势乘胜追击,连战连胜,一路打到了河外,秦军也被联盟大军包围。自此,秦军苦心经营多年的伊阙、温县、邢丘、汲县防线告破。然而，在南线，联军攻击管城之战事，却进展不大。由于管城的秦军守将正好是个魏国人，信陵君便想要招降，遂找到了管城守将的父亲缩高让他劝儿子投降。岂料这人是个死脑筋，必不赞成信陵君的看法，认为开城投降不是弃暗投明，反而是叛国投敌，信陵君想尽了办法，缩高就是不为所动，最后信陵君只能威胁他，要么让自己的儿子投降，要么就杀了他。

这缩高也真是硬气，见此事无法善了，直接自杀，南线战事就此陷入了僵局。

此时此刻，在河内地区，联军依然包围着秦军。秦军虽然陷入不利的境地，但是其战力尚在，士气尚存，如果援军一到，他们里应外合，必定会反败为胜。于是，信陵君为了能够速战速决，亲自冒着飞箭石雨，向敌军冲锋，秦军阵营因此打乱。无奈之下，秦军在蒙骜的率领下，再次向西边突围。联军依旧不放过痛打落水狗的机会，一路追到函谷关（今河南灵宝北）。

秦军知道联军此刻军威大盛，不可以直迎其锋芒，遂学起了廉颇，龟缩在关门之内，不管联军如何骂阵，他们都坚守不出战。辗转数月时间过去，大军见无法攻克函谷关，而粮草也快要支撑不住，遂撤了回去。

但是通过此次诸国联合作战，魏国夺回了关东地区的大梁土地，信陵君也因功而被拜为上相，魏王还封赏了信陵君五座城池。然而，此次合纵，虽然重创了秦军，但是对于魏国等东方六国而言，并没有什么大的实质性作用，而且整个东方都将在秦军更为强大的攻势下，俯首待命。当然，在这一次合纵中，列国都见识到了信陵君的军事才能，他也借此得以威震天下。据传，当时许多国家都派遣了使者，前来向信陵君学习兵法，信陵君自然来者不拒，还著书立说，成就一部《魏公子兵法》。后世的《汉书·艺文志》中，在论述兵形势家之时，便有《魏公子》二十一篇，足见信陵君对于后世影响力的深远。

自此之后，因为信陵君的缘故，秦国一度放慢了向东方侵略的步伐。秦王知道，魏公子一日不除，就一直是秦国的心腹大患。于是，秦国再次使出最为擅长的离间计来搞垮信陵君。为策万全，此次秦王可谓全方位出击。

一方面，秦王让人拿着无数的金银财宝来到魏国，贿赂被信陵君击杀的大将晋鄙的门客。于是，这些人便诋毁信陵君，说他在外十年之久，现在虽然做了魏国的将领，但是其他国家的将领好像都听从他的号令，诸侯列国只听说魏国有信陵君，却没有听说魏国有魏王。而且，听说信陵君还准备在魏国南部自立为王，诸侯都畏惧信陵君的威势，是故都表示愿意拥护信陵君。

另一方面，秦王还派遣了使者前往魏国，不去朝见魏王反而去见信陵君，一路之上，大造声势，各国都知道了这件事情。使者到了信陵君处，便向信陵君假意问询他是否已经做了魏国的王。尽管信陵君百般辩护，但是三人成虎，一时间谣言满天飞，世人都认为他有意自立为王。而魏王也不再信任他，信陵君最终被罢免，秦国的离间计再次成功。

信陵君知道，此后自己必定难以翻身了，便借故称有病一直不上朝，转而和宾客整日整夜饮酒作乐。由于仕途失落，信陵君心中郁闷，便沉溺于声色犬马之中，四年之后，终因为对身体伤害太过,患病而死。而在同一年,魏王也驾崩。

此后,魏国更是江河日下,秦国则是一路高歌猛进。

信陵君的事迹永远被历史所铭记。汉高祖刘邦在就任大汉天子,夺取天下之后,每次经过大梁,都会去祭祀信陵君。高祖十二年,还给信陵君配备五户人家守墓,世代祭祀信陵君。

司马迁也在《史记·魏公子列传》中论述道:"天下诸公子亦有喜士者矣,然信陵君之接岩穴隐者,不耻下交,有以也。"对信陵君礼贤下士的良好品德给予了很高的评价。

第二章
承前启后，乱世中的发展

要致富，先修路

商业的发展，贸易的繁荣必然导致的就是都市和交通的繁荣和发展。商业发展以后，都市开始逐步演变为商业的集散地点，而由于货物的往来运输，交通的发展也就成为不可阻挡的趋势了。

我国从夏、商之时就出现了城市和都邑，那时的城市和现在的非常不同。那时的城市是王公们勒索贡赋的城堡和宗教活动的中心，不仅非常小，而且，城中的居民也还要从事一些农业生产，它和乡村并没有很大区别。后来到了春秋时代，等级制度开始变得更为严格，这一时期，城市的发展十分缓慢，由于对城市大小有非常严格的限制，因此，城市不可能有很多人，自然也不会成为经济文化的中心。这一时期，就像战国名将赵奢所说的那样，城虽然大，城墙也没有超过三百丈的；人虽然多，也没有超过三千家的。后来随着等级制度的瓦解，城市也开始起了变化。

战国时期，随着商业的发展，城邑也迅速地发展起来。这一时期，由于等级制度的逐步瓦解，一般城邑的大小甚至都超过了从前的国都。"千丈之城，万家之邑相望"，这在从前可是根本不可想象的场景。城市的迅速发展也造就了一些有名的城市，例如，赵国的邯郸，魏国的温、轵，韩国的荥阳，齐国的临淄，楚国的宛丘，等等，这些城市有些虽然不是国都，但非常繁华。

《战国策·齐策》中有一段描写齐国都城邯郸的话："临淄之途，车毂击，人肩摩，连衽成帷，举袂成幕，挥汗成雨，家敦而富，志高而扬。"说的是在临淄的道路上，车轮与车轮互相撞击，人与人的肩膀甚至可以互相摩擦，把人的衣服连起来可以做成帘子，每个人都举起袖子就能够形成大幕，每个人擦一把汗就可以挥洒成雨，人人家里家底丰厚富裕，志气极为高昂。这是苏秦在说服齐宣王时所说的话，难免有夸张的成分，但也可以从侧面看出临淄城的繁华。从目前考古的发现来看，临淄城的总面积达60多万平方华里，城内街道宽广平坦，虽跟现在的城市没法相比，但在当时也算是十分繁华了。考古学家在临淄城里还发现了冶铁、炼铜、铸币等各种手工业的作坊，可见那时的商业和手工业都已经非常发达了。据文献记载，战国时期，大城市的街上已经是店铺林立了，卖酒的，卖四方土特产的，卖手工业品的……人们的生活非常方便而且井然有序。

在作为商业中心的城市发展的同时，交通作为联系各城市的纽带也开始快速发展起来。刀币是齐国的通用货币，考古学家们在齐国东边的今山东海阳、平度、日照等地发现了许多齐刀币。据此不难推断出，这一带可能是当时齐国东部的一个海上交通贸易重地。齐国的很多商品都通过这里流往东南的吴、越地区，而吴、越地区的很多商品也从这里流入齐国。在齐国，像这样的商业贸易网点还有很多，像西部以现在山东的济南、历城等城市构成的与中原各国进行贸易往来的集散点，北部以牟平为中心与燕国的西南地区进行贸易往来的集散点，等等。

商业的发展，对很多交通要道的经济起到了极大的促进作用，交通枢纽也往往是贸易的中心。燕国的辽西郡是中原各诸侯国通往朝鲜半岛、日本列岛等地的必经之路。在这一地区出土的古钱币不仅包括燕国的"明刀"，甚至还有铭文为"安阳"和"平阳"的布币。由此可以看出，战国时期，三晋的商人就曾经经过这里。

从很多史料中我们不难看出，在战国时代，中原地区的人民已经对西北地区的地理和人文环境有了一定了解。当时的书中已经有了对昆仑山、火焰山、罗布淖尔、孔雀河等地的描述。成书于战国时期的《山海经》甚至已经有了关于吐鲁番火焰山的记录，"有燃火之山，投物辄燃"。那时中原地区的丝绸、金银器、漆器等一路向西，被运往新疆和中亚地区，大西北的很多商品也源源不断地流入中原地区。这些贸易上的往来，当然是与交通的发展分不开的。由这种交流过程我们可以看出，当时由中原经大西北到达中亚地区的交通贸易非常活跃。在这种贸易交流的过程中，文化也产生了一定的交流，由于秦国地处西部，所以与西北及中亚地区的联系较其他国家更为密切，这应该也是古代的时候，西北人民经常把内地的人称为"秦人"的原因。

秦人在北方与西北和中亚人民互通有无，而楚国人则在南部同南亚的人进行着贸易上的往来。楚国是当时南方最大的诸侯国，它与南亚一些地区有着密切的贸易往来。

韩国由于地理上的优势，是南北往来的必经之路。韩国的商业、交通都十分发达，有很多非常重要的贸易网点。一些地方由于地处交通枢纽，所以经济得到了非常快速的发展。例如当时的宜阳，就是可以与赵国、楚国等进行联系、进行商业贸易的交通要道，当时的宜阳非常繁华。

从对各国的交通所做的分析可以看出，在战国时代交通其实已经比较发达，各国之间已经形成了一个四通八达的交通贸易网。由于贸易上的往来，人们成功打破了以前闭塞不通的僵死局面，商品得到交流，人民也得到了沟通，达到了"四海之内若一家"的崭新交流局势。这对经济的发展，人们生活水平的提高，都起到了不容忽视的重大作用。

最早的商业家

东周列国、战国诸雄之间的战争,表面上看来是为了争夺土地和财富,但是从其本质上看来,则是贵族领主和新兴的地主阶级权力的争夺,无可置疑的是,最后的胜利者,是地主阶级,并由此统治了中国2000多年的时间。而在战国七雄之中,率先完成地主阶级取代领主贵族统治这一变革的国家,就是西边旧势力较为弱小的秦国。当然,在战国时代,地主阶级并没有完全取代领主贵族,而且在很多的国家,其权力还很大。

但毫无疑问的是,领主贵族的政权遭到了很大的破坏和削弱。其剥削方式发生了改变,其中尤其以农奴为代表的低下阶层,从西周的宗族制度的桎梏中走了出来,生产力得到了很大的解放。正是在这种巨大的变迁之下,战国社会呈现了前所未有的繁荣气象,具体体现在人口的大量增长、铁质工具的广泛使用、水利工程的大力修建、牛耕的使用、农业技术的大进步、手工业的进步、以城镇为中心的商品流通的发达等方面,这些变化最终促进了商业的发展。特别是各国社会相对自由的交通往来,战争的巨大消耗，促使了商业的进一步繁荣。

当时社会有两种商业形式，一种是官营，另一种则是私营。早在春秋时期，就有范蠡、端木赐等著名商人，到了战国时期，更有猗顿等人，他们都是富可敌国，名驰天下。由此可见，私人商业在这一时期，已经发展到了一定的高度。甚至还有人专门开课收徒，教授致富之道。《史记·货殖列传》中就记载，当时的周人白圭讲授致富之道时就曾提到掌握时机，精确运用"人弃我取，人取我与"之法则等原始的经商思想。而白圭也因此被尊为商贾的祖师。

战国时的大都邑，许多都是著名的商业中心，如赵都邯郸、齐都临淄，以及魏国都城大梁、洛阳等。中等都邑也开始有了市，称为"有市之邑"，如韩国的上党郡，其中70邑有市。"日中做市，招集天下的人民，聚会天下的货物，交易而退，各得其所。"(《周易·系辞》)就表现了小邑中小市交易的情景。

随着时代的发展，私人商业逐渐占据主导地位，其重要性也逐渐超过了官办商业。《韩非子·亡征篇》就曾说道："商贾的钱财存放国外，可以亡国。"

如"从贫求富，农不如工，工不如商"(《史记·货殖列传》)；又如"耕田之利十倍，珠玉(经商)之利百倍"(《战国策·秦策》)等思想都表现了当时对于商业的重视，很多人都愿意从商赚取利润。当然，这种现象是有其深刻的社会根源的。当时各国都先后确立了土地的自由买卖制度，这种土地私有制，使得大量土地集中到了地主阶级手中，而依靠土地生存的农民，则由于土地的兼并而流离失所，无所依靠，只能出卖劳动力为商人劳动，或者有经济能力的，就自主经营。

当时的这些大都市，集中了各地的物品钱财，大家在一起互通有无。当时的中原市场，能够买到南方的羽毛、象牙、犀皮、颜料，北方的走马、大狗，西方的皮革、毛织品、牦牛尾，东方的海鱼、海盐，可谓品类齐全。通过商业交换，即使是在不毛之地的人，也可以得到木材，住在山地的人可以得到丰富的水产品，农民常年耕种，不动刀斧不陶不冶就可以买到器械，工商不耕不种就可以买到粮食。真正实现了"四海之内若一家"的大繁荣景象。

商业的发展，城镇的繁荣，对一般等价物的要求也越来越高。这一时期，一般等价物逐渐规范化和固定化。历史记载，墨子弟子耕柱曾经到达楚国做官，得十金送墨子。然而金却可以分为三类，即金、银和铜。还有记载称，当时张仪到达楚国，问及楚国的财富几何，楚王便说楚国出产黄金、珠玑、犀象，可见这些都能够列入财富的范畴。最早将黄金白银作为贵重货币的，当数东周后期的楚国，而到了战国时期，黄金则成了各国通行的货币。

历史记载，周人有一个风俗，就是特别喜欢从事工商业而鄙视做官。通过从事工商业，他们能够获取百分之二十的巨大利润。随着时代的发展，就连深受孔子儒学思想的鲁国，也大兴经商谋利，商业变得异常繁荣。其他国家也纷纷效仿，甚至西边的秦国，也发展起了商业。直到商鞅的出现，重农抑商政策施行，商业才有所遏制，但是他的这种政策并不为当时的东方六国所取，秦国也在商鞅死后，重新恢复和发展了商业，由此而带动了社会阶层的改变。

《礼记·月令》中就记载道:"开放关市,招徕商贾,以有易无,各得所需。四方来集,远乡都到,自然财物充足,国用民用,不感缺乏,百事顺利。"表现了秦国商业的繁荣,为了能够很好地和其他国家交流,商业上的交往遂而更加的频繁,以至于到了战国末期,大商人吕不韦参与到了秦国的政治中来,成为秦国的丞相,把持秦国朝政数十年。

堪比艺术品的货币

货币的发展是以商品交换的发展为依托的。在我国历史上，夏朝以前应该是没有货币的。那个时候人们的交易处在以物易物的原始交换阶段。从夏朝开始，"以贝为币"。天然贝是我国古代最早的货币。到了西周时期仍以贝币为主，但是除了天然贝，已经开始出现人造的铜贝。春秋时代，称量货币和铸造货币开始成为货币的主宰，贝币虽然还存在，但是使用的地方已经不多。到了战国，黄金开始进入货币行列。之前人们所说的"金"都是铜而并非黄金。战国时期，黄金作为货币在市场上的流通在货币史上是非常大的一个进步。它标志着人们的财富观念和聚集财富手段的改变，人们不再以实物作为衡量财富的标准，聚集财富的手段也开始从传统的珠宝玉石、车马布帛、谷物等向金钱货币发展。

此时，虽然货币铸造发展到了一个新的阶段，但是由于当时诸侯割据，政治分散，所以货币非常不统一，人们在交易过程中还非常不方便。后来，虽然各国政府相继掌握了铸币权，但国与国之间还是不能统一，而且也没有一个特定的货币换算标准，所以物品在国与国之间的流通还非常不方便。这个时候各国货币的形制、单位、重量都非常不同，就形制看有铲形币、刀形币、贝形币、环形币等。

铲形币又称布币，是流通于三晋地区的一种货币，因外形似铲，故称铲形币。它本身就有许多不同的形制，有尖足的、方足的、圆足的等，但基本都还是铲形。铲形币是从古代一种叫"耒"的铲形农具发展来的。铲形币出现的原因可能是在有些地区，铲子是一种原始的货币，人们最初是以生产工具铲子作为以物易物过程中的交换媒介的。后来，随着贸易的发展，为了交换过程中的方便，铲子才由实物逐渐变小，而形成流通的货币——铲形币。《诗经》中有这样一句话："氓之蚩蚩，抱布贸丝。"这句话就很好地解释了铲形币被称为布币的原因，这可能就与古代有些地方以布作为货物流通过程中的交换媒介有关。铲和布都是古代流通的货币，后来金属铸币出现后，人们在铸币时将这两种之前流通的货币结合了起来，新货币的形取于铲，名取于布。除了铲形币有布币的别称外，刀币也有刀布的小名。

铲形币主要在战国七雄的韩、赵、魏范围内流通。近年来，人们发现了大量铲形币和铸造铲形币的模具。铲形币一般都有铭文，铭文的内容主要以当时的地名为主。目前所发现的铲形币中，以"安阳"为铭文的最多。这种货币可能是三晋地区所铸造和主要流通的，但是它的流通范围非常广，在三晋之外的很多地方也出土过这种货币。

这一时期，同样流通非常广泛的还有刀形币。刀形币是齐国的货币，因形状酷似刀鞘，故称刀形币。战国时期，齐国的商业非常发达，因此它在货币铸造方面比较领先。刀形币的来源应该也跟铲形币差不多，最初这一地区可能是以刀鞘为交换媒介的。对出土的刀形币进行金相分析之后专家发现，刀形币不仅外观酷似刀鞘，而且金属成分也跟当时的刀鞘成分一致。战国时，齐国铸造钱币的地方很多，但是，这些不同铸造地所铸造的货币却都有一个统一的铭文——"齐法化"。其中，"法"在古文中的意思是标准，而"化"可能就是货的简写。"齐法化"就是齐国的标准货币的意思。我们都知道刀鞘有"合六而成规"的说法，有意思的是齐国的这些刀币也可以"合六而成规"。战国时代，刀币已经非常成熟，由于它适合存储和流通的特点，刀币迅速成为那一时期人们生活中不可或缺的东西。《管子·轻重篇》中有一句话就说出了刀币在人们生活中所起到的重要作用——"黄金刀币者，民之通货也"。

刀币虽然是齐国的标准货币，但是它的影响范围却不仅限于齐国。据出土文物推测，位于齐国西北部的燕国也通行刀币，只是燕国的刀币是以"明刀"作为铭文的，而且造型也没有齐国的刀币那么精致。

贝形币是楚国的流通货币，因为外形酷似贝壳而得名。我们前面说过，贝币的历史非常久远，从夏朝开始就有了贝币，但这时的贝币跟最初时候已经有了很大不同，这时的贝币采用的不再是天然贝，而是把铜铸造成了贝壳的形状。贝形币被称为"蚁鼻钱"或者"鬼脸钱"，它的顶端有两个大小不等的穿孔，背部微微凸起，腹部呈椭圆形。楚国的这种贝币也像同时期其他国家的货币一样，刻有铭文，这在之前的贝币上是没有的。在所有铭文中，"贝"字是最常见的。

除了贝币以外，楚国还流行另外一种货币——版金。版金是由一些打有方形或者圆形印记的小块连在一起的。最大的版金有54个小方块。这种货币使用的时候是根据需要支付的数额从大块上切下合适的若干小块，用天平称量后支付的。

除了上面提到的货币之外，还有一种货币在战国货币中也占有一席之地，它就是圆钱。圆钱就是环形币，是方孔钱的前身，它主要流通于秦国一带以及东、西周地区。这种货币的形状可能来源于古人的所佩戴玉环或者玉璧。东、西周地区的圆钱铸造非常精美，并铸有"东周""西周"的字样。秦国的圆钱也铸有铭文，但是铭文主要是"重一两""十二铢""十三铢"等。方孔钱是秦朝晚一些时候的流通货币。方孔钱也有一些跟圆钱很相似的铭文，常见的就是"半两""两甾"等。据推测，方孔钱可能是由各地官府在统一六国的过程中所造的，它是秦在统一六国过程中流通最广的货币。因为秦国对外的扩张，秦势力所及的范围内的地区都受到方孔钱的影响。

货币的历史和商业发展的历史是分不开的。商业发展的水平决定了货币发展的水平，而同时货币的发展又能促进商业的发展。战国时期，各国在货币铸造上都取得了非常大的进步，这当然与当时商业的快速发展是分不开的。

使用年限超过两千年

中国自古以来有许多奇迹，都江堰就是其中之一。四川素有"天府之国"的美誉，但如果没有都江堰，这个美誉也许永远都不会属于四川。都江堰之所以是奇迹，首先在于它诞生于2000多年前的战国，在那样一个今天看来技术并不发达的时代，能够完成这样宏大的水利工程，实在不可思议。都江堰的奇迹更在于，它经受了2000多年的岁月磨蚀，至今依旧岿然不动，还在为巴蜀大地尽心尽力地输送涓涓清流。而这一奇迹的创造者就是李冰。

李冰是战国时期的水利家，本是今山西运城人，生活在战国末年，是秦国蜀郡守。由于特殊的地理环境，当时的蜀地常常受到自然灾害的威胁，不是洪涝就是大旱，被称为"泽国""赤盆"。蜀地人民饱受旱涝灾害之苦，世世代代与洪水作斗争，却始终没找到有效的治理办法。公元前316年，秦国吞并蜀国，蜀地成为秦国的一个郡县。蜀地地势险要，掌控这一地域具有十分重要的战略意义。秦打算将蜀地建造成重要基地，于是任命精通治水的李冰为蜀守,前往蜀地治理水患。

岷江是蜀郡水患的"元凶",一到任,李冰就开始了对岷江两岸的实地考察。岷江发源于成都平原北部的岷山,沿岸山高谷深,水势湍急;到灌县附近,地势陡然开阔,浩大的水流往往冲毁堤岸,泛滥成灾。同时,水流带来了上游河段的大量泥沙,泥沙不断淤积,河床不断抬高,水患进一步加剧。而灌县西南的玉垒山又阻碍了江水东流,每当夏秋洪水来临时,就会出现东旱西涝的局面。

在了解了当地的水情、地势的实际情况后,李冰制定了一套严密的治水方案并着手实施。要治理岷江水患,最重要的是疏导水流。李冰的解决办法是,将玉垒山凿开一个宽20米的缺口,称为"宝瓶口"。由于被分开的玉垒山末端状如大石堆,人们便称之为"离堆"。为进一步地疏导江流,李冰在江心筑造了分水堰,把水流一分为二,迫使其中一股水流流进宝瓶口。在筑堰分流的过程中,李冰创造了竹笼装石做堤堰的方法。唐代李吉甫《元和郡县志》记载:"犍尾堰在县西南二十五里,李冰作之以防江决。破竹为笼,圆径三尺,长十丈,以石实之。累而壅水。"犍尾堰就是都江堰在唐代之名。巴蜀之地生产茂竹,用这种方法筑堤可就地取材,方便施工、维修。而且,层层累筑的笼石,既可防止堤埂断裂,又能利用时间缝隙起到减少洪水直接压力的作用,极大地降低了堤堰溃决的可能性。

分水堤因前端开头状如鱼头,便有了"鱼嘴"之名。鱼嘴迎向岷江上游,将奔涌而来的岷江分为了东西两股。东边一股为内江,是灌溉渠系的总干渠,渠首就是宝瓶口,过了宝瓶口,水流又被分成许多沟渠河道，形成一个交错纵横的扇形水网，浸润着广大的成都平原。西边一股为外江，是岷江的正流。之后，李冰又在鱼嘴堤的尾部修建了平水槽和飞沙堰，用以分洪、溢洪。自分水堰建成，成都平原就很少有旱涝灾害了。

都江堰建成后，李冰为了保障堤堰的质量和效用，建立了维修制度。每年十月份霜降时节，岷江流量最小，李冰就在这时带领众人修缮工程的薄弱环节和坏损部位。"深沟滩，低作堰"就是他在维修过程中提出的六字口诀。年复一年的维修、放水，使得清明节前后的放水日逐渐成为了当地百姓的一个盛大节日。放水仪式上，人们兴高采烈地敲锣打鼓，表现出征服水患后的巨大喜悦和对李冰的感激爱戴之情。

为了测量岷江的水位，控制内江流量，李冰父子作石人立于江中，作为观测水位的标尺。《华阳国志·蜀志》记载，李冰"作三石人，立三水中，与江神要：水竭不至足，盛不没肩"。

都江堰的建成，彻底根除了蜀地千百年来的岷江水患，造就了一个人间的天府之国。蜀地从此"旱则引水浸润，雨则杜塞水门，故水旱从人，不知饥饿，则无荒年，天下谓之天府"。都江堰水利工程是中国乃至世界水利史上的骄傲，它完备的设计和悠久的历史足以让任何一个时代的人惊叹。李冰也因此与他的丰功伟业一起流传千古。杜甫有诗云："君不见秦时蜀太守，刻石立作五犀牛，自古虽有厌胜法，天生江水向东流，蜀人矜夸一千载，泛滥不近张仪楼。"

除都江堰外，李冰还在蜀郡主持修建了其他一些水利工程。岷江上游有一条发源于蒙山的支流叫沫水，该河道既有地下河，又受到山体阻碍，情况相当复杂，对航行非常不利。为此，李冰带领当地百姓凿除了河心的山岩，沫水的情况大为改观，航行从此通畅。管江、汶井江、洛水等河流也在李冰的治理下成为造福于百姓的资源。

李冰之所以为治国平天下的大丈夫，不只是因为他兴修了众多的水利设施。据《华阳国志》载，李冰任蜀守期间，还组织修筑了桥梁，开凿了盐井，使蜀郡交通、经济得到了迅速发展。

李冰为蜀地百姓所作的贡献为世人所牢记，巴蜀之人尊称他为"川主"，并修建了许多"川主祠"，传达了他们对李冰的感激和怀念。余秋雨说，都江堰的"规模从表面上看远不如长城宏大，却注定要稳稳当当地造福千年。如果说，长城占据了辽阔的空间，那么，它却实实在在地占据了邈远的时间"。正如实实在在的都江堰一样，李冰也许并没有帝王将相那样轰轰烈烈的事迹让世人激动人心，但他的遗产却实实在在让后世子孙感到了十分的踏实和温暖。他的都江堰与辉煌的长城一样，都是人类历史上的奇迹。

先进武器

经历了春秋时期几百年的混战,战国的战争不仅没有减少,反而愈演愈烈。进入战国时期,军队的武器装备得到改进,战争的规模不断扩大。

战国时期惨烈的战争需要更多的士兵,军队数量由此大增。《战国·齐策》中田单说"帝王之兵,所用者不过三万",而赵奢却喜欢"用众","必负十万二十万之众乃用之"。春秋时期,各国的常备军兵力基本在10万以内,而战国时期各国的兵力大幅增加,以十万、百万计。各国需要的士兵数量不断增加,同时伤亡严重,而人口数量却增长有限,于是男女老幼都被征入军。从现今的材料来看,未发现春秋时妇女当兵的记录,而战国时期却有关于女子当兵的明确记载。《商君书·兵守篇》言:"壮男为一军,壮女为一军,男女之老弱者为一军。"《墨子·备城门》中谈到守卫之法,说"五十步,丈夫十人,丁女二十人,老小十人"。

有材料显示,在公元前722年至公元前464年这200多年间,有38年的时间没有战争,而在公元前643年到前222年的

200多年中，却有90年左右的时间没有战争。这看起来不可思议，似乎战国时期的和平岁月比春秋时期还多。而实际的情况是，春秋时期的战争虽然比战国时期要频繁，但远没有战国的战争那么大的规模和那样的激烈程度，持续时间也较短。就连春秋时期的城濮之战、邲之战、鄢陵之战等著名战争，也只进行了一两天。战国就大为不同了，《吕氏春秋》记载，魏国攻打赵国时，"围邯郸三年而弗能取"；"秦虽不胜于长平，三年然后决，士民倦"。

上述这种局面的出现与春秋和战国的作战方式有很大关系。春秋时期的战争以整齐的车战为主，战事的胜败掌握在驾车的贵族手中，而这些贵族遵循着骑兵的交战规则，十分看重威信和"面子"，很少奋力作战，战争也就不那么激烈。而在战国，职业的将领掌握了战事的支配权，他们受命于一个国家，便会为这个国家拼死力作战，夺取城池和资源，以战功换取荣誉和爵禄。战车在平地作战很方便，但在崎岖的地带很难驾驭，而且一旦车阵生乱，就很难恢复原来的阵列，不能满足战国的作战需要。于是，步兵的作用大为提高了，步兵野战成为战国时期的主要作战方式。同时，战国人还从一些骑马的游牧民族那里学会了骑射，以骑兵作为步兵的一个重要补充手段。赵武灵王就大胆地在军事上推行"胡服骑射"，建立了战国第一支骑兵主力部队。从他开始，骑兵成为华夏国家军队的主要兵种之一。

除步兵作战外，战国还有水军和船战的作战方式。成都出土的嵌错宴乐赏功铜壶和河南汲县山彪镇水陆攻战纹铜鉴上就刻有水军作战的情形，画面上反映出远距离用弓箭，近距离用戈、矛、短剑的作战场景。而据《越绝书》记载，战国时已有可乘90人的大型战船。

武器装备的改进也是战争出现不同面貌的重要原因。冶铁技术在战国得到迅速发展，制造了大量锋利的铁兵器。《荀子·议兵篇》说楚国的"宛巨铁釶，惨如蜂虿"，《史记·范雎列传》中秦昭也说"吾闻楚之铁剑利"。韩国出自冥山、棠溪、墨阳、合膊、邓师、宛冯、龙渊、太阿等地的铁制兵刃，能够"陆断牛马，水击鹄雁，当敌即斩"。《史记·信陵君列传》里的刺客朱亥使用的兵器是"铁椎"。长沙杨家山墓出土的一柄春秋晚期的钢剑，是已知我国古代最早的钢剑。而河北易县燕下都的一个战国晚期墓中，出土的大量兵器里，多于六成的是铁兵器，包括铁制的盔甲、剑、矛、戟等，铜兵器只占不到40%。

虽然有了坚利的铁兵器，但是铜兵器还在大量使用。长沙楚墓出土了戈、矛、戟、刀、剑、弓、箭、弩等多种铜兵器，巴蜀地区也有多种战国铜兵器出土。

战国时期出现了很多新型兵器，其中最值得一提的就是弩的使用。最早的弩本来是用于狩猎的工具，春秋晚期开始用弩作战。至战国中期，各国已经普遍使用弩来作战了。马陵之战中，魏军进入马陵道，就是被齐军的"万弩俱发"击溃的。《孙膑兵法·威王问》说："篡卒力士者，所以绝阵取将也；劲弩趋发者，所以甘战持久也。"可见弩在当时战争中的重要地位。弩的主要构成部分是弩弓和弩臂，弩弓上装弦，弩臂后部装弩机，弩机周围有"郭"，有"牙"钩住弓弦，上有瞄准用的"望山"，下有拨弩机的"悬刀"。使用时，拨动悬刀，牙就下缩，被牙钩住的弦便弹出，借助弓弦强大的拉力，矢就被发射出去了。用弩作战可以"杀人百步之外"，使敌人"不知其所道至"。弩分为用手臂发射的"臂张"和用脚踏发射的"蹶张"。魏国当时有"十二石之弩"，可以拉动十二石的重量。弩机的制作已经相当精密，《吕氏春秋·察微》说"弩机差以米则不发"，可见对其精准度的要求之高。至战国末年，发明了"连弩"，《墨子·备高临篇》有"连弩之车"的记载。

除了弩以外，战国还出现了一些其他武器。湖北曾乙侯墓出土的一种带刺圆球形的刺杀武器，柄长达3米，战国以前未见此种兵器。戈是春秋战国的主要兵器之一，系在木柄的部分叫作"戈胡"。西周时的戈胡很短，上面只有一孔。春秋初有了胡略长而有两孔的戈，到了战国，发展为长胡三孔的戈，使得戈更牢固地捆在柄上。舟战工具钩拒和攻城工具云梯是公输班的发明，也是这一时期的新武器。在进攻武器进步的同时，防御装备也在改进。皮甲仍然是防护刀剑的重要手段，铁胄和铁甲的出现增加了将士们性命的保险系数。燕下都出土过一件由89片铁甲片编缀而成的战国后期铁胄。

总的来说，战国时期的战争，由于武器的进步和军队人数的剧增，以及各国经济、政治、人口和技术的发展，呈现出异于春秋时期的面貌，是社会变革的一种表现方式。

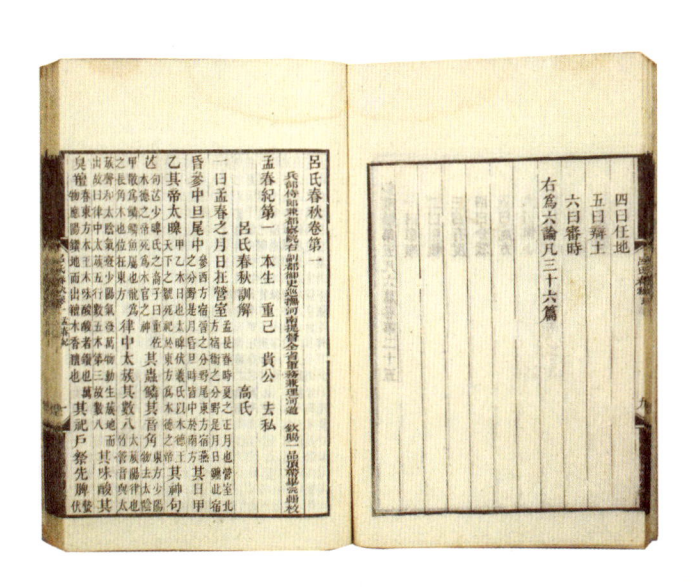

《吕氏春秋》书影

韓非子卷第一

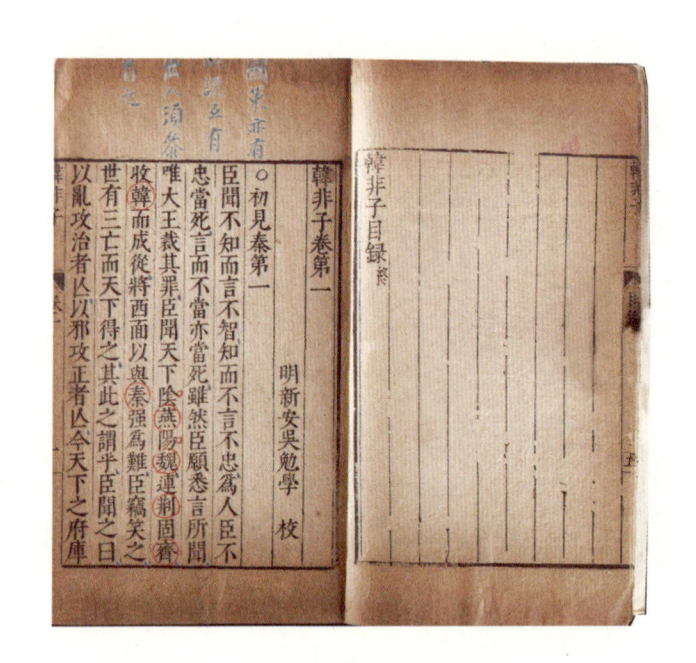

明新安吳勉學 校

○初見秦第一

臣聞不知而言不智知而不言不忠爲人臣不忠當死言而不當亦當死雖然臣願悉言所聞唯大王裁其罪臣聞天下陰燕陽魏連荆固齊收韓而成從將西面以與秦強爲難臣竊笑之世有三亡而天下得之其此之謂乎臣聞之曰以亂攻治者亡以邪攻正者亡以今天下之府庫

《韩非子》书影

煮熟的医生

战国时期不仅在经济、政治、文化领域取得了非常令人瞩目的成就，在医学上也取得了骄人的成果。这一时期，秦国就已经设有专门给宫廷和百官看病的医疗机构，并开始有"太医令"这一官职。可见当时，中国就已经拥有了非常专业的医疗团队。秦越人、神医扁鹊以及他的弟子子阳、子豹等都是当时享有盛名的医生。中医一直沿用的望、闻、问、切就是在这一时期由扁鹊首创的。而且心理医生并不是现代社会所独有的，在战国时期，就有一位著名的"心理医生"——宋国名医文挚。

相传，当时宋国有个叫龙叔的人，由于非常痴迷老子的哲学，他已经修炼到了很高的境界。有一天，他去找文挚求助："文先生，听说您医术高明，我有病，您能帮我治好吗？"文挚说："您先介绍一下您的症状吧。"于是龙叔就滔滔不绝地讲了起来，他说他受到乡里人的夸奖，但是不能以此为荣；受到全国百姓的诋毁，但是不以此为耻。得到了不觉得欢喜，失去了也不觉得伤心。而且他这些病症，朝廷不管是用高官厚禄来激励，还是用严刑峻法来威胁都没有效果。他的整个德行跟社会格格不入，所以不能侍奉国君，不能结交亲戚朋友，不能管好妻子儿女，连支配奴仆都不能。

文挚听了以后，觉得龙叔可能是精神出了问题，但是他的语言逻辑性很好，又不大像精神病。他迟疑了一下，然后让龙叔背对着太阳站了起来，然后他借着阳光透视龙叔的胸部。看了一会儿之后，文挚高兴地对龙叔说："我看见了您的心，您的心已经空空荡荡，真的是非常恬淡虚无，您差一点就成圣人了。心上有七个孔，现在您的六个孔已经疏通了，只剩下一个还有点堵塞。"

春秋后期，宋国被齐国灭掉。所以，龙叔的经历有点像末代的贵族。看过了政权更迭、尔虞我诈之后，放下了对功名的追逐，但是内心又有些不甘寂寞，所以才找文挚来求助。文挚用肉眼看透龙叔的心，并解开了他的心结。这是《列子》里的一段记载，关于文挚，《吕氏春秋》里还有另外一个故事。

话说战国时期的齐湣王有病，多方医治无效后派人去请了文挚前来诊治。文挚到了齐国，经过详细的诊断后确定齐湣王患的是抑郁症。他对太子说："大王的病能治好，但是要治好大王的病，我必死无疑。"太子对此非常不解。原来，要想医治齐王的病，必须要用激将法。但是如果激怒了齐王，那么他自然就性命难保了。太子听了文挚的解释之后，苦苦哀求，并信誓旦旦地保证，只要治好了齐王的病，他和他的母亲一定以死去向齐王请求，保全文挚的性命。俗话说："医者父母心。"文挚出于救人的天性答应了太子的请求，决定帮齐王治病。

他先和太子约定了一个诊治的时间，但是为了激怒齐王，故意失约没来。病中的齐王非常期盼他能帮自己治好顽疾,所以第一次失约没有怪罪他,只是又约了他一次。但是,"不识趣"的文挚第二次还没有来。"好脾气"的齐王还没有发怒,给了他第三次机会。但是令人意想不到的是,第三次他还是没有来。齐王看他屡屡失约,终于由期盼转为愤怒了。天子之怒可是很可怕的一件事,搞不好就是"伏尸千里,血流成河"。

但此时,文挚居然没有躲起来,而是"不识相"地出现在了齐王面前。只见他慢吞吞地走到齐王的床前,既不行礼也不下跪,甚至连鞋也没脱就爬到了齐王的床上,他踩着齐王的衣服,开始询问齐王病情如何。齐王气得说不出话来,但是文挚还在不停地说着一些让齐王生气的话。终于,天子怒了。他大吼一声,坐起来,一把推开了文挚。这一怒他的病反而好了。但是,俗话说"愤怒是魔鬼",此时正被这个"魔鬼"统治着的齐王哪能冷静下来感谢为自己去除顽疾的医生。

帝王的残忍之性开始爆发,他要生烹文挚。太子和王后急忙出来阻拦,但是盛怒中的齐王哪儿听得进去他们的解释?所以,最终没有人能挽留住文挚的生命,这位名医最终丧生于蒸笼之中。

这是《吕氏春秋》里面的一段记载,对于它的真伪我们当然无从考证,但是我们却不难看出,当时的医学已经发展到了比较成熟的阶段。

这一时期的医学著作非常多,例如《禁方书》《阴阳十一脉灸经》以及久负盛名的《黄帝内经》等。当时的医学已经开始吸收一些哲学的思想,像元气学说、阴阳学说、五行学说、天人相应论等均被中医所借鉴和采纳,这也是造成后来中医的理论充满哲学气息的原因。这一时期扁鹊的言论已经涉及了"五脏""肠胃""血脉"等这些我们一直沿用至今的概念。

《黄帝内经》在中医学史上具有非常重要的地位,它确定了中医学作为一个学术体系的形成。《黄帝内经》中不仅讲到了怎样治疗疾病,而且更多的是告诉人们怎样预防疾病,怎样在不吃药的情况下健康长寿。所以《黄帝内经》与其说是一本医书,不如说是一本养生经。《黄帝内经》中说:"不治已病治未病,不治已乱治未乱。"这说明我们的古人在这一时期就已经意识到了疾病预防的重要性。

有人问扁鹊:"你们三兄弟都精于医术,但是谁的医术最高明啊?"扁鹊回答,他认为长兄的医术最高明,因为长兄能够在病情发作之前,甚至病人自己还没有感觉到疾病存在的时候,下药铲除病根。可见疾病预防已经被当时的医学界所承认。"治未病"是已经成为这一时期医学所秉承的重要思想。

此时,药物学和病理学也开始萌芽,后来出土的医书证明当时的本草知识已经非常丰富,而且据一些医书记载,当时一些医师已经开始试图使用复方,并且探索出了一些比较可行的组方原则和理论,方剂学也逐步开始发展。

战国时代,我国的医学确实取得了极为光辉的成就,我们的祖先在那时已经开始用自己的智慧去改善体质,治疗顽疾,挽救生命。他们留下的伟大的中医理论值得我们去传承,去发扬。

给平民一个机会

战国时期各国都建立了较为完善的官僚政治制度。其中大部分国家都设立了相和将两个职位。"相"就是我们经常听到的宰相、丞相，他是百官中地位最高的。我们都听过邹忌讽齐王纳谏的故事，这个故事的主角邹忌就是当时齐国的丞相。而"将"就是我们经常听的"将军"，将的主要职责是统领军队，他在百官中的地位仅次于相。还以齐国为例，当时齐国的将军就是田忌赛马这个故事的主角——田忌。

商鞅变法的时候，他的官职是大良造，秦国设立相位比较晚。一直到秦惠王在位时，秦国才开始设立丞相一职，秦惠王拜张仪为相。到了秦武王的时候，秦国开始设立左右相。后来到了秦昭襄王的时候才开始有了将军一职。楚国的最高官职一直是令尹，最高武官一直是柱国、上柱国，既没有设立相位也没有设立将军之位。

战国时期，有些国家开始打破之前贵族世袭制度，任人唯贤，从此有才华的平民也获得了登上政治舞台，为将、为相、为地方军政长官的机会。这一时期确实有很多平民走入了政治的核心，例如申不害、范雎、张仪等平民宰相，以及孙膑、白起等平民将军。

为了加强边境的管理，保护边境的安全，很多国家在地方设郡，例如，为了防秦，魏国设立了上郡；为了守住几国争夺的险要之地，赵、韩设立了上党郡；为了防止秦进犯韩国或中原地区，韩国设立了三川郡。各郡大小不一，守或太守是郡的管理者。郡下面是县，郡管辖县。虽然很多国家都使用了这种行政建制，但是齐国却从来没有设过郡，不过齐国也有相当于郡的机构，那就是都。都的管理者被称为大夫。

郡县制在春秋时就已经有了，不过一开始的时候，郡比县小，而且这个时候的县非常少。春秋中期以后，各国开始纷纷设县，县开始多了起来。据《左传》记载，楚国派大臣蓬启强去晋国访问的时候曾说晋国"其余四十县"，说明此时晋国已经设立了许多县了。从春秋后期开始，县的设置开始变得非常普遍。

到了战国时期，郡成了比县高一级的行政单位，开始管辖县。而县下面还有乡、里、邑、聚。这时候从中央到地方的各级组织非常系统、严密。一般国家都是按什伍编户组织的，十家为什，五家为伍，每个伍都设有伍长。而在乡这一级行政单位上设有三老、廷掾，里设有里正。除了这些以外，有些地方还设有亭，亭是属于军事性质的组织。

我们都知道以礼贤下士而闻名的战国四公子——魏国的信陵君、齐国的孟尝君、赵国的平原君、楚国的春申君。他们都是战国时候的封君，都有封地，例如，平原君被封于东武城；春申君被封于淮北十二县；孟尝君继承了父亲在薛的封地。另外，商鞅也属于封君这一阶层，商鞅本不姓商，商只是他的封地。战国时期的封君制度与之前的诸侯分封有很大的区别，封君这一阶层并没有很大的权利，封君都是封给食邑，他们只能从食邑收取一些租税，并不掌握食邑的行政权，也不能任免食邑的军政长官，而且食邑通常是不能世袭的。与奴隶制社会中手握重权，掌握军政，甚至能够独立发展成一个国家的诸侯国相比，战国打破了这种分封的权利，对于加强中央集权具有非常重要的意义。

除了封君之外，战国时期还有封侯的，封侯跟封君的性质一，也是给他们一些封地，让他们在封地靠租税生活。秦国著名丞相吕不韦就被封为文信侯，"食蓝田十县"，而嫪毐也被封为长信侯。

另外，战国时期，很多国家都设有爵位。商鞅变法的时候为秦国制定了20级爵：一公士，二上造，三簪袅，四不更，五大夫，六官大夫，七公大夫，八公乘，九五大夫，十左庶长，十一右庶长，十二左更，十三中更，十四右更，十五少上造，十六大上造，十七驷车庶长，十八大庶长，十九关内侯，二十彻侯。其中最低的爵位是第一级公士，最高的爵位是第二十级彻侯，十六级以下的爵名同时还是官名。

商鞅变法时，他的职位是大良造，即大上造。而白起，也曾任过秦国的左更和大良造。这一时期，当一个人获得爵位以后，他也就得到了官职，并获得了政治、经济等方面相应的特权。爵位不同所享有的待遇自然也不同，爵位在八级以上的官员除了拥有赏赐和可以减免刑罚之外，还享有食邑。而爵位在八级以下的官长就只能获得赏赐的田地，而不能食税邑了。除了爵之外，特别有功的人也有得到卿的称号的，例如司马迁的八世祖司马错，就因为伐蜀为秦统一六国立下汗马功劳而被称为客卿错。

商鞅变法为秦国制定了非常详细的爵位等级制度，但在其他诸侯国，爵位制度相对就没有这么完善了。在齐、燕、赵、韩、魏这些国家，爵位的等级大抵只有卿和大夫两个阶层。卿一般分为上卿和亚卿，大夫则一般则为上大夫、中大夫和下大夫。我们所熟知的荆轲曾任燕国的上卿；蔺相如曾任赵国的上大夫；乐毅曾为燕国亚卿。而在楚国，爵位等级制度就更不完善了，楚国的最高爵位是执圭，除了执圭之外还有上大夫、五大夫爵位。

很多人都听过信陵君"窃符救赵"的故事，从这个故事中我们可以看出，只有掌握兵符才能掌握兵权。这一时期，诸侯国任命官员的时候都会发给玺、符。玺是官印，象征着权力，当官员离职的时候玺是要上交的，而符则是武官调遣军队所必不可少的。兵符通常都是分成两半的，左半交给领兵的武将，右半由国王保管，只有左、右半合在一起才能调遣军队。

战国时期，除了任命官员的制度跟以前比有很大区别之外，对官员的政绩考核也比以前严格了许多。这一时期，官员的政绩一般都是由国君亲自考核的，只要没有达到国君的要求，就会立刻被免职。

战国时期，政治制度的发展，除结束了各方争霸，促进了统一之外，也为后来各朝政治制度的建立提供了很好的范例。

艺术的奇葩

战国时期，音乐已经发展得比较完善。这一时期出土的乐器主要有大型编钟、钮钟、镈、编磬、笙、竽、琴、筝、瑟、篪、排箫、箜篌、建鼓、悬鼓、有柄鼓、扁鼓、铜鼓、錞于、铎、钲等，种类多样，制作精美，性能完备。除了乐器方面的成就外，还出现了很多非常优秀的音乐作品。例如《广陵散》，另外还有《屈原问渡》《楚歌》《幽兰》《易水歌》等等。

《易水歌》来源于人们耳熟能详的"荆轲刺秦"的故事。相传，战国时期，燕国的太子丹因畏惧秦国渡过易水，对燕国进犯，遂派壮士荆轲赴秦国刺杀秦王。临行时，太子丹及其他知情人都到易水边来为他送行。到了易水边，祭过路神，荆轲正要上路，他的好友高渐离忽然即兴拍打乐器，荆轲和着音乐慷慨而歌。大家听到他悲凉的歌声，"皆垂泪涕泣"。荆轲又走上前唱了一首歌："风萧萧兮易水寒，壮士一去兮不复还！"这首歌就是被后人所广为流传的《易水歌》，它是声调激愤的羽声。被荆轲的激昂情绪所感染，在场的人都瞪大眼睛，"发尽上指冠"。

《屈原问渡》曲意出自楚辞中的《渔父》。屈子与渔父一问一答，曲子在绮丽中透着淡淡的悲意。世间沧桑好似都已概括在这简单的一问一答之中。屈子叹："举世皆浊我独清，众人皆醉我独醒。"渔父慰："圣人不凝滞于物，而能与世推移。世人皆浊，何不淈其泥而扬其波？众人皆醉，何不哺其糟而歠其醨？"屈子又叹："吾闻之：新沐者必弹冠，新浴者必振衣，安能以身之察察，受物之汶汶者乎？宁赴湘流，葬于江鱼之腹中，安能以皓皓之白，而蒙世俗之尘埃乎？"渔父没有明确回答，而只是告诉他沧浪水清，可以用来洗他的帽缨；沧浪水浊，可以用来洗他的双足。曲子的宁静处如渔父，激荡处如屈原，一快一慢，一急一缓，截然不同的态度，自然会是截然不同的人生。屈原满腹悲壮，最终纵身一跃而下，江面激起几多浪花，然后慢慢归于平静。

人们在用音乐抒情方面的功力比起今天也毫不逊色。所以，当我们重听《广陵散》，重听《易水歌》，重听《屈原问渡》的时候，还是会被这些音乐之中所蕴含的情绪所打动。

战国时期，社会体制面临变革，奴隶制社会向封建社会过渡，整个时期的艺术发展都非常活跃。我们祖先的艺术才华不仅表现在音乐上，他们在绘画上的成就也非常引人注目。

战国时期，绘画具有鲜明的装饰风，从目前已出土的漆画、帛画、铜器画等已经可以看出一些中国画的基本特征。

我国目前所见最早的帛画《凤夔美女》于1949年在湖南长沙的战国楚墓中被发现。《凤夔美女》宽20厘米，高28厘米，画在帛上。画中有一位妇女，双手前伸，做祈祷状。她的头顶有一只双翅展开,昂首挺胸的凤,凤的左边是一只正在与之相搏的夔。这幅画上有许多曲线的花纹,使整幅图显得非常灵动,凤身上的曲线使它有了振翅飞翔的感觉,而女子衣服上的曲线使她整个人显得很有动感。

关于这幅画有很多解释。郭沫若认为,凤是生命和善美的象征,而夔是死亡和邪恶的象征,凤夔相搏是善灵和恶灵的搏斗,凤占了上风,这寓意生命终将战胜死亡,善美终将战胜邪恶。所以这幅画的主题是对生命和善美的歌颂。但也有一些人认为,这幅画就是一幅"升仙图",它没有什么特别深刻的含义,画中的女子就是墓主人,而凤、夔都是神兽,可以自由上天入地,因此应该被看作魂魄升天时的驾驭物。

1973年,在再次发掘战国楚墓的时候,考古学家又发现了一幅名为《人物御龙》的帛画。这幅画的正中是一位手持缰绳、身佩宝剑的男子,他侧身直立,驾驭着一条正在向上飞的巨龙。龙的头部向上高高昂起,身体呈舟形,翘起的龙尾上站着一只昂首仰天的鹤。人物头顶上方是一个类似车盖的东西,上面有三条随风飘拂的带子。龙首下方是一尾向前游动的鲤鱼。这幅画是迄今为止发现最早使用金粉的作品。整幅画以简洁流畅的单线条为主,辅以白描和渲染的色彩,技巧非常纯熟,行笔也十分流畅,与国画的特征非常相似。

"龙"是我国古代传说中的万兽之首,自古就是中国文化中通天地之灵的神物。所以人们对这幅画的含义没有什么争议,普遍认为它反映的是先民对死后化作神灵、乘龙升天的一种愿望,这是先民关于征服自然,战胜生死的浪漫幻想。按照这种理解,画中的男子就是墓主人，整幅画所描绘的就是画中男子走完尘世历程，乘龙遨游天际的场景。男子气宇轩昂，泰然自若，御龙乘风白鹭相随。这体现了中华民族自古对生死所持有的观点，灵魂不灭，死只是超脱肉体之外另一种方式的存在。

除了帛画之外，这一时期的铜器画也非常出彩。随着"礼崩乐坏"的加剧，青铜器中的礼教成分减弱，开始逐渐趋于生活化。目前出土的许多青铜器如河南汲县出土的水陆攻战纹鉴、四川成都出土的宴乐攻战纹壶等造型都非常质朴、古拙。虽然造型简单，但是画中的场面却往往非常宏大，而且人物形象也非常生动。当时的画匠已经具有了非常高超的技艺，能够画出艺术水准很高的作品。

战国时期，人们在音乐、绘画方面取得了非常卓越的成就。我们的祖先利用自己的智慧为我们留下了非常丰富灿烂的文化遗产。

第三章

奇货可居，秦庄王掌权

买卖国君

吕不韦，出生年不详，卒于公元前235年。吕不韦之名，几乎达到了家喻户晓的地步，他是当时最为富有的商人，他将"天下熙熙，皆为利来，天下攘攘，皆为利往"的古代谚语，发挥得淋漓尽致。

关于吕不韦的祖籍，历史上众说纷纭，几无定论，比较可靠的是说他为卫国濮阳（今河南濮阳）人，还有一种说法，认为吕不韦就是赵国人，由于史料有限，难以求证。唯一可以确信的是，吕不韦不是秦国人。《史记》记载了吕不韦的商业活动："往来贩贱卖贵。"《战国策》中也有一段类似的记载。稍加分析，便能推测出他的财产极可能是靠经营奢侈品积聚起来的。在阳翟（今河南禹州）经营珠玉产品的时候，吕不韦深谙低价买进，高价卖出的经营之道，不久便积累起了千金的家财。这为他以后的发迹，奠定了深厚的经济基础。

这一年，吕不韦到达了邯郸，带足了钱财，准备做一桩大买卖。机缘巧合之下，吕不韦竟然结识了当今秦国国君的孙子嬴异人。

秦昭襄王四十年（公元前267年），太子嬴悼死在魏国，后来被运回秦国，举行了国葬，其陵寝就在芷阳。两年之后，秦昭襄王将其第二个儿子安国君立为太子。

安国君有个非常宠爱的妃子，即华阳夫人，是安国君的正室，只可惜她没有儿子。因此，一旦安国君即位，太子人选便只能从他的20多个儿子中选取。而嬴异人（也叫子楚，生于公元前281年，卒于公元前247年），因其母亲夏姬不受宠爱，他在秦国也不受重视，太子之位肯定是与他无缘的。后来他作为秦国的人质，被送到了赵国邯郸。

当时的列国形势很紧张，秦国自白起执掌兵权之后，便将赵国作为秦国最大的敌人，长平一战奠定了胜局，后来更是兵临邯郸。由此可以知道，异人在邯郸的日子并不好过。当时，赵国对于异人，可谓人人唾弃鄙视，而他自己也没有足够的钱财，只能过着穷困潦倒的生活。

几乎所有人都认定，嬴异人不仅难以回到秦国，还很有可能客死异乡，更谈不上继承秦王大统了。直到吕不韦到来后，才真正地发现了嬴异人的价值所在。在吕不韦的眼中，嬴异人就是一件最有价值的商品，现在可能一文不值，但只要自己经营有道，将来必定能够让他身价猛增，自己也可以一本万利。

其实，在来赵国之前，吕不韦并不认识嬴异人。吕不韦一见嬴异人就被他不一样的气质所折服。经过打听，才知道他就是秦国的质子。

吕不韦见有如此良机，便向其父亲问了三个问题。首先，吕不韦问其父亲，如果是种地，能够有几倍的利润？其父亲回答说十倍；继而吕不韦再问道，如果是贩卖珠宝玉佩呢？其父亲回答说，那可就高了，起码一百倍；最后，吕不韦大胆地问道，如果是扶持一个人，做一个国家的君主呢？其父亲抽了一口凉气，回到道，千万倍，甚至是难以估计的。

经过一番问答，吕不韦终于下定了决心，要好好经营嬴异人。

于是，吕不韦便在一个天朗气清的上午，前去拜会嬴异人。一见面，吕不韦便表现得喜不自胜，高兴地说道："只要依靠我，就一定能够光大你的门庭。"嬴异人听闻他这么说，遂笑着说道："你要光大我的门庭？可是依照我来看，你需要先光大你的门庭才行呢。"吕不韦知道，这不过是嬴异人的玩笑之语，是故并没有作真，而是进一步向嬴异人论述道："公子，这你就不明白了，我的门庭固然需要光大，但是这一切还不都需要依靠你，才能够达成。"

话说到这个份上，嬴异人立马明白了吕不韦的心思，反正自己此时此刻也无所依靠，随着秦国和赵国的关系逐渐紧张，自己很有可能会遭遇不测。这吕不韦的大名，他也听说过：经商有道，家财万贯。嬴异人认为，自己大可以将之纳为己用。

只听吕不韦说道："现在秦国君主已经垂垂老矣，安国君成了秦国国君继承人，众所周知，华阳夫人就是安国君最为宠幸的一个妃子，然而她虽然有选择下一个太子的权力，却没有自己的子嗣，眼下的局势很清楚：公子的兄弟多达20余人，公子又排行中间，不受秦王宠幸，长期被留在诸侯国当人质，即使是秦王死去，安国君继位为王，鞭长莫及之下，公子拿什么去和安国君的那些儿子去争夺太子大位呢？"

嬴异人一听，吕不韦说得很有道理，自己难道就一直默默无闻待在赵国邯郸吗？或者有一天，秦国大军压境之时，赵军会毫不犹豫地杀了自己。嬴异人自然不会甘心如此籍籍无名下去，遂向吕不韦问道："先生说得不错，但是如何做，才能够挽救眼下这种危局呢？"

这一下，吕不韦终于来劲了，他知道，嬴异人这件商品，终于成了自己的独家品牌，依靠自己的实力，加上嬴异人的潜力，这个买卖实在是前途无限。吕不韦高兴地说道："公子现在处境危急，穷困潦倒，又客居在赵国，没有什么有价值的东西可献给亲长，结交宾客。要改变这种状况，就必须要依靠一个有经济实力而且不对你造成任何威胁的人。恰好在下家有千金，愿意全部拿出来帮助公子，只要拿着这些钱财前去秦国游说，侍奉好安国君和华阳夫人，则将来的太子大位，就非公子莫属了。"

嬴异人听了这话，顿时大喜过望，遂向吕不韦保证，一旦将来自己坐上了太子大位，甚至成为了秦国的国君，则愿意和吕不韦共同享有秦国的一切权力。无疑，这种承诺是极具诱惑力的，也是吕不韦最想要的答案，只有这种一本万利的生意，才值得他倾家荡产甚至是舍生忘死地去博弈一回。

吕不韦将家中的一千金分为两部分，每一部分为五百金，分别用于结交宾客和购买珍奇玩物。为了保证这次投资的准确性，尽量降低投资的风险，吕不韦甚至亲自去到秦国，首先拜会了华阳夫人的姐姐，通过她，吕不韦很顺利地就见到了华阳夫人。把自赵国带来的最为珍奇的物品献给了华阳夫人。

可以想象这样一个情景，华阳夫人一介女流，见这么多稀奇古怪的玩意儿放在自己的面前，自然喜笑颜开，对吕不韦则更是亲厚有加，并向他保证，无功不受禄，只要他有需要，而自己又力所能及，就一定不会辜负他的希望。

吕不韦见自己一番经营，中间人终于上钩了，心中暗喜。只要这位中间人能够对"商品"产生兴趣，并保证帮助吕不韦推销他的那件"商品"，那么自己的这件奇货，就必定能够成功脱手，卖出绝高的价格。

当然，首先吕不韦必须要对这款"商品"的性能作一个简要的介绍：嬴异人天赋异禀，才华横溢，即使在困境之中，也能够成功和许多宾客结交，天下有能力的人，都愿意和他交往，其礼贤下士的名声，已经能够和魏国公子信陵君相提并论了。听完吕不韦的叙述，华阳夫人派人暗中打探，发现吕不韦所说果然不假，竟然连秦国的某些著名人士，也有心归附嬴异人，可见这件"商品"，确实是质量过硬。

其次，吕不韦极尽所能来吹嘘华阳夫人对嬴异人有多重要：夫人在嬴异人的眼中，简直就如同苍天一般，天下没有人的地位可以超过夫人。嬴异人虽然身在邯郸，却心在秦国，他对夫人和太子的思念，日盛一日，但却无法如愿得见你们的容颜，只能够以泪洗面了。听了吕不韦声情并茂的陈述，华阳夫人对嬴异人不禁心生怜悯之心。最后，吕不韦为了让华阳夫人彻底将身家压到这件商品上，便从其切身利益角度出发进行说服：只有买了这件"商品"，才能够永保荣华富贵。

为了收到更好的效果，吕不韦实行旁敲侧击的手段，并没有直接告知华阳夫人这些有关利弊之语，而是收买了其姐姐，让她代为转达："君主身边的妃子，很少是依靠其才能来侍奉君主的，因为依照惯例，是不准许后宫干预朝政的。更多的人，是依赖自己年轻貌美，让君主赏心悦目，才能够得到荣华富贵的。然而，这一类人却有一个弊病，一旦年老色衰、人老珠黄，则君主势必会会舍弃她而另寻新欢，宠爱也就随之减少。现在夫人在太子身边，依靠年轻和美貌，集万千宠爱于一身，自是风光无限。但是夫人却没有儿子，这种风光的日子还能持续多久仍是个未知数。要保全自己的地位并使之长久，只有趁早结交一个有前途而且孝顺自己和太子的王子并将之立为继承人，像亲生儿子一般对待他、扶持他。无论夫人的丈夫是在世还是辞世，夫人的地位都能得到保全。甚至一旦那位继承人做了大王，夫人的地位也会水涨船高，可谓是一举两得的好事。

"现在咸阳的街头巷尾之间，都流传着嬴异人的贤能，只可惜他自己在诸位王子中间，并不是很突出，如果按照其次序，是不能被立为继承人的。其生母不受宠爱，嬴异人只能将自己的一切都托付给夫人。只要夫人扶持他，将来就不愁失去宠爱，一辈子高枕无忧了。"

华阳夫人见自己的姐姐这么说，终于下定决心，紧锣密鼓地开始了扶持嬴异人的行动。

送货上门的学问

经过一番舆论宣传和造势，吕不韦终于将自己家中的这件奇货推销了出去，只要这个中间人华阳夫人能够说动"买家"安国君，将这件商品收购，则自己的身价必定无限增长。

在一个温馨的夜晚，华阳夫人摆了一桌的好酒好菜，热情地将安国君请了过来。二人就那么席地而坐，注视着对方。安国君心想，此生如果没有这个女人，自己纵使做了大王，又有什么意义呢？华阳夫人也想，自己老了之后，这个男人还会和现在一样宠爱自己吗？也许会。即使他会，可是如果他不幸去世了呢？

终于，华阳夫人率先打破了沉默，深情款款地说道："臣妾一生，最为高兴的事情，就是能够遇见大王，更是得到了大王的万千宠爱。可是臣妾却一直有一个遗憾——没能够为大王生下一个子嗣，这是臣妾心中最大的隐痛，只希望大王能够准许臣妾去收养一个义子。"

安国君对她百依百顺，一听见华阳夫人有收养义子的想法，当然会毫不犹豫地答应。只是整个天下，华阳夫人最好能够收养一个嬴氏子孙，否则即使将来自己有心传授衣钵给他，恐怕也难以让嬴氏族人心服口服。于是，安国君问道，谁能够有这样的福分，成为夫人的义子呢。

华阳夫人忙高兴地说道："自然是夫君儿子中的一位，虽然他们都很优秀，但是臣妾最中意的，还是嬴异人。"

竟然是嬴异人？此时的嬴异人，不是远在邯郸做质子吗？何以能够得到华阳夫人的垂青呢？安国君将心中的疑惑提了出来，只要华阳夫人有合适的理由，他大可以准了此事。

华阳夫人遂告知安国君，他认为嬴异人能够甘心在赵国做质子，借以稳住赵国，对秦国而言，无疑是立下了汗马功劳；秦国多次攻伐赵国，嬴异人都能够安然无恙，可见其才智超凡；天下许多贤达的士人，都知道嬴异人的声名，可见他能够广结天下英豪；他虽然身处赵国，却丝毫不忘夫君和我，不时派人前来问候，并献上他搜集的珍奇玩物。话音未落，华阳夫人将心一横，把嬴异人赠给他的一些物品，选了一两件精品，送给了安国君。

安国君闻言，仔细思考一番：这嬴异人不管是真情还是假意，能够让华阳夫人在自己耳边吹风，都不可小视。自己大可以准了他做华阳夫人的义子，日后再仔细地考察，如果将来他的确是可造之才，自己大可以将江山社稷交付于他。

就此，嬴异人这件"商品"，终于成功进入了"买家"的视野。

当然，不止华阳夫人擅长吹耳边风，其他妃子也不是易与之辈。华阳夫人担心，安国君耳根子太软，一旦其他人从中作梗，这件事情很可能会告吹。于是，华阳夫人索性来个一哭二闹三上吊，同时秋波流转、几番撒娇，终于让安国君答应给予自己一个保证。安国君无奈，只好刻下玉符，并且还答应暂时让嬴异人做继承人，一旦确信他有才能，便将江山社稷交付予他。

为了增大嬴异人成才的可能性，华阳夫人和安国君商议，干脆请拥有这件"商品"的商人，好好管理一下他的"商品"。如此，吕不韦便顺理成章地做了嬴异人的师傅，安国君和华阳夫人还将许多礼物交给了嬴异人的师傅吕不韦，让他代为转交给嬴异人。

这件事情告一段落，眼下最紧迫的事情，就是如何才能够将嬴异人从邯郸营救归来。吕不韦深知，人家的"订单"下了，自己如果不能够成功地"送货上门"，一切都如同镜花水月一般。仅仅凭借自己的财力当然不够。即使富可敌国，如果不能智取，也很难成功地将嬴异人送回秦国。如今有实力救援嬴异人的，就只有两个人，一个是赵王，另一个自然是秦王。嬴异人对于赵王而言，和鸡肋没什么两样：食之无味弃之可惜。如今的嬴异人已经身价倍增，吕不韦当下最需要做的，就是在赵王知晓嬴异人的价值之前，将嬴异人救出邯郸。

于是，吕不韦将目光盯向了安国君的后台老板——秦昭襄王，只要他金口一开，继而对赵国全面施压，料想赵国也不能不让嬴异人回国。

这一次，吕不韦还是采取了旁敲侧击的伎俩，他没有直接去找秦昭襄王，也没有直接去找王后，而是找到了王后的弟弟阳泉君。

吕不韦一见到阳泉君，便来了一招先声夺人："君之罪责，万死难辞，你可清楚？"听说这人做了嬴异人的老师，可是怎么会一见面就如此指责自己呢？杨泉君很奇怪，遂向吕不韦请教，自己何罪之有？

吕不韦暗笑了一下，自己在气势上就占据上风，不怕你不入彀中。遂义正词严地对阳泉君说道："你不过是王后的一个兄弟，但是看你的待遇，再看你的排场，比起白起、范雎，也是有过之而无不及，安国君和你比起来，也是小巫见大巫。可是你扪心自问一下，这一切你是依靠的谁呢？自然是你的姐姐，她是王后，所以你才能得到秦王的庇护，享受无限的荣华富贵。凡事预则立不预则废，试想如果有一天，大王驾鹤西去，留下你和自己的姐姐，若安国君做了大王，却不信任你们，你们该如何自处呢？依照我看来，到时候你们不仅难以保全现在的名利和地位，说不定你们还会面临性命之忧呢。"

阳泉君一听这话，顿时感到情势的危机，便决心以后要收敛一些。可是即使我不犯人，也不代表就会人不犯我。于是，阳泉君客气地向吕不韦问询，该如何做才能够保全自身。

吕不韦等的就是此刻，他将心中早就准备好的一番说辞说了出来："当今太子将来必定会继承秦国的君王大业，而他成了秦王之后，必定会对秦国的政局重新清洗，有用的人则留下，无益的人则除之。到时候华阳夫人那里定然是门庭若市，因为她是安国君最为宠信的人。可是到了那个时候，华阳夫人已经做了王后，还有什么理由去帮助别人呢？除非现在她还只是夫人之时，别人就帮助了她，她才会知恩图报。恰好我知道，华阳夫人因为没有子嗣，遂收了一个义子，即尚在赵国做质子的嬴异人。此人知恩图报，才智卓绝，天下闻名，你如果能够帮助他回到秦国，无论是对于华阳夫人、对于安国君还是对于嬴异人，你都立下了大功。如此，你还会担心将来会对你不利吗？你的地位必定会固若金汤。"

吕不韦之言，可谓醍醐灌顶，让阳泉君顿生恍然大悟之感。

于是,他便去求了王后,王后很顺利地答应了阳泉君,去找秦昭襄王求情。但事情的进展并不是很顺利。秦昭襄王何许人也!他考虑的自是比他人周全:眼下秦国和赵国的关系紧张,秦国如果主动去找赵国,赵国必然会坐地起价,到时候必然会增加营救的难度。秦昭襄王想,只要赵国主动前来求和,秦国就可以顺势提出质子回国的要求,神不知鬼不觉地救出嬴异人。因此对于王后的求情,他并没有立即答应。

吕不韦知道,秦国这边只能先依赖安国君、秦王王后等人先稳住秦王,赵国这边,就需要自己亲自出马了。

于是,吕不韦打点好秦国这边之后,便马不停蹄地回到了赵国邯郸。值得一提的是,安国君为了能够成功地营救嬴异人,竟然还给吕不韦赠送了三百金,王后给了二百金,就连华阳夫人,也给了一百金,外带一箱子衣物。可见此事已经成功了八成,剩下的两成胜算,就在赵王身上了。

到达邯郸之后,吕不韦直接去到了嬴异人的住处,把自己在秦国的所作所为悉数告知了嬴异人。并将六百金和衣物都给了嬴异人,让他在以后多加运作,把这些好钢都用在刀刃上。嬴异人听完,心中喜不自胜,他知道,自己很可能要回到秦国,成为秦王了。

此后,吕不韦真正成了嬴异人的心腹,被引为恩师。心中所想所思,嬴异人无不一一告知吕不韦。

当然,作为一个商人,谋求利润的最大化才是吕不韦最需要做的。于是,他准备进一步投资,甚至不惜血本,来加工和完善自己的这件"商品"。他相信,自己赚取的,绝对不只是一个一人之下万人之上的位子,而是整个天下。

姓吕还是姓嬴

如果说，嬴异人是吕不韦最为看重的一件"商品"，那么，千古一帝嬴政，则是吕不韦倾其一生、注入血本的最大"投资"。

早些时候，吕不韦便在邯郸的一个不知名的角落，发现了赵姬这一风情万种、婀娜多姿、倾国倾城的绝代尤物，并花了大价钱将之购入自己的囊中，如此貌美无双而又能歌善舞的女子，就是许多王宫之中，也很少有过。吕不韦的眼光的确独树一帜。

一个偶然的机会，嬴异人见到了赵姬。这嬴异人在他乡为质子，虽然身份显贵，待遇却不怎么样，别说妻子，连个小妾也没有。正值青春热血的嬴异人，看到如此尤物，顿时如鬼迷心窍一般，红光满面，激动得语无伦次。

而这一幕，正巧被吕不韦看在眼里。多日过去，嬴异人茶不思饭不想，每每想起吕不韦身边的那个不知名的姬妾，便口干舌燥、心神恍惚，但是看吕不韦的眼神和行动，就知道那位女子定然是他的眼中宝、心头肉，自己这一生，恐怕和那位女子就此错过了。

吕不韦满意地笑了笑，知道自己的这件产品也成型了。于是，他便找来赵姬，向她说出自己心中的想法：今后只要她能够和嬴异人相亲相爱，不久她便能坐上秦国王后的大位，而他们二人只是从明处转到暗处，一切其实都没有什么变化。起初，赵姬还有些许不愿意，但是最后便答应了吕不韦的要求。

这一晚，吕不韦大办宴会，主人是吕不韦，客人是嬴异人，而主角却是赵姬。

不一会儿，四周便弥漫开来一种旖旎的气息，嬴异人也变得醉眼婆娑，直到这时候，吕不韦才伸手拍了三下，顿时赵姬粉墨登场。这时候，吕不韦发话了，他说，眼下的这个女子，可是吕不韦最为重视的人，为了能够得到她，自己可是费尽了心思、绞尽了脑汁、倾尽了家财，今后有了她，只怕别人拿丞相的位子和他交换，他也要考虑一二。嬴异人其实也不傻，自然明白吕不韦在有意和无意之间，抬高赵姬的身价。然而酒过三巡之后，看着赵姬那风华绝代的舞姿和闭月羞花般的容颜，什么君子不夺人所好的思想，早就被他抛到了咸阳郊外，脑中剩下的，便只有眼前的这个女子了。

赵姬似乎也感觉到了嬴异人炙热的眼光，眼波流转之间，走到嬴异人面前，给他敬酒；酒过之后，赵姬更是疏开长袖，若即若离，飘然不已，惊鸿一瞥，貌合神离。

赵姬此人，真个是"手如柔荑，肤如凝脂，领如蝤蛴，齿如瓠犀，螓首蛾眉。巧笑倩兮，美目盼兮"。"增之一分则太长，减之一分则太短"，"嫣然一笑，惑阳城、迷下蔡"，其绰约之姿、流盼之美，实在是动人心魄。

顾不得礼义廉耻，嬴异人忽地站了起来，向吕不韦庄重地说道："先生切勿见怪，我知道君子不夺人所好，但是此女子无论是气质还是容貌，都让我大为叹服，今生如能娶她为妻，则死而无憾了，希望先生能够成全。"

吕不韦顿时做大怒状，对嬴异人喝道："公子可知，赵姬可是在下的小妾，在下一番好意，让她给你敬酒，以歌舞助兴，公子怎么能生出这种心思呢？"

嬴异人一听，顿时跪在地上，要知道，这吕不韦可是自己的老师，自己这样做，实在是不得已而为之——谁让赵姬将自己的全部灵魂都勾去了呢。

吕不韦叹了一声，感慨地说道："公子切勿如此，在下知道，公子这么多年过的是什么样的日子。一个人客居他乡，孤苦无依，连个说贴心话、做真心事的人都没有。吕不韦虽然无才无德，但却知道什么才是最重要的，为了能够让公子回到秦国，不惜散尽家财，又怎么会吝啬自己的一个小妾呢？只要公子一句话，即使她深得我的宠爱，也必须要忍痛割爱。只是在下担心，怕她不从，又担心委屈了公子。关键是你们能两情相悦，在下也乐得成人之美。"

嬴异人听完，顿时喜出望外。而另一边，吕不韦其实早就和赵姬商量好了，只要嬴异人说了出来，他们一定会答应。当然，在这之前，他们还得在嬴异人面前做一场戏，表现夫妻情深，生离死别，最后为了国家大业，公子幸福，只能忍痛分离。而又需要做得恰到好处，让嬴异人觉得，自己的确是欠了吕不韦天大的人情，而赵姬也是真心地从了自己，让嬴异人有充足的成就感。

接下来吕不韦再次做了一笔小小的投资：他作为女方"家长"，将赵姬热热闹闹地嫁到了嬴异人家里。嬴异人和赵姬二人也算是患难夫妻，感情日盛一日。而吕不韦这边，则是在高兴之余有些许酸楚，不管是真的感情还是灵肉游戏，吕不韦在一时之间都难以割舍掉赵姬在时的点点滴滴。可是一切已经成了现实，他也只能将心胸敞得更宽阔些了。

没过多久赵姬就怀孕了，一年之后，一个男婴诞生，他就是即将扭转中国历史巨轮，让天下无数人世代仰望的秦始皇嬴政。

关于秦始皇的出生问题，历史上给予了很多的解释。《史记》就曾记载，赵姬来到嬴异人之处时已经怀孕，而嬴异人却并不知道。文中还描述，"至大期时"，赵姬生下嬴政，因此他的生父是吕不韦——虽然由于怀孕期长，使得嬴异人和当时的其他人都相信，嬴政的确是嬴异人的儿子。《古代中国的政治家》一书中，对秦始皇异常出生的记载持怀疑的观点，并对其尽心可详细的论述。

主要有四点理由：首先，谈到此事的只有《史记·吕不韦列传》中几段难以理解的文字，这有力地说明这一卷的很大部分可能已被窜改。其次，《战国策》中关于吕不韦的类似的文字在许多地方与《史记》有很大的出入，丝毫没有提及嬴政是吕不韦私生子的传说。再次，《史记》中关于私生子的传说，依据只有一句话，而这句话却有着奇怪的和含意不清的措词，这就很容易使人联想到它是经过了他人之手被窜改了。最后，这个传说与在《战国策》中记载的另一起王室私生子事件非常相似。

这起事件发生在楚国，当时楚国有一个地位与秦国吕不韦十分相近的政治家,向膝下空虚的楚考烈王进献一怀孕之姬。其儿子生下之后,成了楚考烈王的合法继承人,坐上了楚国的王位。由此可以猜测,秦始皇是吕不韦私生子的说法,很可能是受到了楚国这一事件的影响。

但无论如何,前无古人后无来者的始皇帝嬴政,终于来到了这个世界上,从此开始了他不平凡的一生。

三天国君

邯郸城外，秦国再一次增兵换将，王龁替代了王陵，顺便还带来了20万兵马。此时围困邯郸的秦军，已经足足有40万兵马。秦昭襄王不夺下邯郸是不会善罢甘休的。吕不韦听说，秦国那边也是矛盾重重，白起和范雎的争斗，已经影响到了邯郸的战局。白起不来，邯郸在廉颇的坚守下，便不能攻破。吕不韦还听说，其他国家也在望风而动，听说平原君已经找魏国和楚国谈好了，这两个国家正准备兵马，前来援助邯郸。

本来秦国和赵国对于吕不韦而言，不过是两个市场，谁胜谁负他都不是很在乎，只要自己能够赚钱，在乱世之中求得锦衣玉食就可以了。可是眼下他将全部的精力都投给了秦国质子嬴异人，如果两国如此僵持下去，他的苦心经营就会前功尽弃。

吕不韦自然不会任由这种事情发生，他知道不能让自己散尽了家财，奉献了娇妻美妾之后还一无所得。于是，吕不韦狠下心肠把自己的积蓄都给奉献了出来，赠送给了邯郸守城的将卒。并告诉他们，自己全家老小来到邯郸做生意，却没有料到遇上如此大的战事，不仅不能赚钱还可能性命不保，所以自己不惜把这次做生意的成本拿了出来，让守城将卒通融一下，自己也可以平平安安地回到家中。守城将卒中，有人认识吕不韦，见他是真心想要回家，而且出手阔绰，遂答应了他。

吕不韦日后能够成为一人之下万人之上的人物，实在有过人之处。此时此刻，他没有丝毫犹豫，便将赵姬母子秘密地藏在了赵姬的娘家，而且其娘家还是赵国的富豪人家，身份显贵，所以赵姬母子才能够成功地躲藏起来。另一边，吕不韦则将嬴异人打扮成了一个随从，就在当天夜里，有惊无险地混出了邯郸城。

一到城外，他们便不趋不避，直接朝着秦军军营走去，秦军攻城的士兵很快就发现了他们，开始以为他们是赵国的探子，于是将其抓捕。吕不韦见状，忙大喝一声，告诉他们，这可是秦国王孙，列位断然不能妄动。秦兵果然被震慑住，遂将他们带到了王龁的军营之中，王龁一见面忙向嬴异人请安，并给他换了衣物，设宴款待。同时还告诉他，秦昭襄王这两天也在军营之中督战，嬴异人可以和他见面。

吕不韦正愁秦军再次交战，列国定然不安，自己不知如何才能够平安带嬴异人回到秦国。不想喜从天降，秦王竟然也在这里，一切都进行得出乎预料的顺利。秦王见了他们也是欣喜不已，果然是骨肉情深，血浓于水，也许是近日常常听说嬴异人的不凡，也许是自己对于罔顾其性命攻打邯郸的愧疚，秦王表现得异常兴奋。他给嬴异人赏赐了许多财物，为免夜长梦多，还特派了兵马，护送嬴异人尽快回到咸阳。

一路无话，吕不韦一行在数日之后，便进入了函谷关，再过

人物故事图册·易水别　清　吴历

刺秦画像拓片

数日，便进入了咸阳。一到秦国国都，嬴异人便表现得非比寻常起来，仿佛有一种王者的霸气。除此以外，他更表现得异常睿智，首先想要见面的不是安国君，不是那些繁华酒肆，更不是自己的其他亲人，而是和自己没有血缘关系的华阳夫人。

这让吕不韦暗自怀疑，当初他见赵姬之时表现得那么急色或许正是嬴人大智若愚的表现，是他为了更好地笼络自己才出此一招。一时之间，吕不韦不禁暗自庆幸自己下对了注。

当然，在此之前，吕不韦还需要好好装扮一下嬴异人，因为华阳夫人是楚国人，所以吕不韦特意吩咐让随从带来了特制的楚国衣物。他认为嬴异人如果能够穿着楚国衣服前去觐见华阳夫人，必然能够很快地亲近华阳夫人，收到意想不到的效果。

果然，华阳夫人一见嬴异人一身的楚国服饰装扮，便心生疑惑，向嬴异人问询道："你是个秦国人，即使做了质子，也是在赵国邯郸，怎么会穿着楚国的衣服呢？"

嬴异人见华阳夫人问询自己，顿时失声痛哭道："不肖子孙被困赵国，虽然生活凄苦，却从来没有忘记秦国的一山一水，一草一木，对于秦王，对于慈母，对于华阳夫人，都心怀感恩，思念不已。"

华阳夫人一听顿时明白了，他穿着楚国服装很可能是知道自己是楚国人，思念自己不得见，只能整天穿着楚国服饰了。不论如何，他今日前来，能够如此细心，足见其孝心。一直以来没有儿子的华阳夫人，内心的孤苦寂寞和磅礴的慈母之爱一瞬间涌上心头。

真情也好，假意也罢，吕不韦都不关心，他在乎的是这位中间人似乎已经彻底地融入嬴异人一边。对于这样的结果，吕不韦很满意。

嬴异人名正言顺地成了安国君的继承人，同时吕不韦也终于收到了回报，秦昭襄王将之封为秦国客卿。但是吕不韦不会就此甘心，他知道只有嬴异人即位，他才能得到和他的付出所相称的回报。

然而，让吕不韦担心的事情还是摆在他的面前。秦昭襄王虽然年纪已大却依然老当益壮，不时还能够去御驾亲征，而安国君也是身体健壮。到嬴异人成为国君，不知要等到何年何月。即使真的到了那个时候，说不定他吕不韦已经化作一抔黄土，长埋地下了，他的宏图伟愿也只能在九泉之内，含恨长眠了。

老天似乎听到了吕不韦的心声，公元前251年，一个黄叶满天飞舞的萧瑟季节，在秦国政坛上风云了半个世纪有余的秦昭襄王，终于带着雄霸天下的豪情和未能一统天下的不甘，离开了人世间。安国君顺利即位，是为秦孝文王。

这一刻，吕不韦虽然在名分上没有多大的提高，但是其地位却明显提高了，要接近秦王已不是什么难事。可是这一切，依旧不是吕不韦想要的，因为他想要的是更多、更大的权力。秦孝文王自然不会满足他，且不说他的才能几何，但是他这样一个具备大野心的人，秦孝文王就不会放心大胆地任用他。

这一次，吕不韦几乎没有担心多久，秦孝文王便一睡不醒，没有证据表明，秦孝文王是如何死亡的。只说当日他处理了一些朝中杂务，会见了一些秦国宾客，回到寝宫，第二天就没了生机。

但是很多人都在猜测,他的死亡一定不是正常的。因为距离安国君加冕才仅仅三天的时间,其地位尚不稳固,一切事情都最有可能在这一期间发生,他的死很可能是吕不韦下毒所致。

不过没有人去关心他的死因,他很快就被下葬了。秦国再次进入了一个新的时期,这个时期,轮到了吕不韦纵横捭阖。

这一年,是秦庄襄王元年(公元前249年),嬴异人正式更名为嬴子楚。他任命吕不韦为丞相,封为文信侯,以河南洛阳十万户作为他的食邑,吕不韦真正实现了他的政治理想。多年来的奇货,终于实现了他的价值。

还有一件事情,让吕不韦感到未来充满了希望,那就是赵国在不久之前,送回了赵姬母子,而秦王顺势将嬴政册立为了太子。值得一提的是,在此之前,秦始皇名为赵政,和其母亲一个姓氏,到了此时,才正式更名为嬴政。

昔日的嬴异人还不过是秦国在赵国的一个质子,随时都会面临性命之忧,现在却成了当今天下权势最为深厚的风云人物;昔日的吕不韦不过是一个被儒生瞧不上眼的贩夫走卒,现在却成了一人之下万人之上的丞相,成为天下为之震动的人物;昔日的赵姬,也不过是一个小小的姬妾而已,不想今日也成了王后,其儿子将来还会成为秦王。

传奇女子赵姬

赵姬是战国时期最具传奇色彩的女性之一,关于其真实的姓名,历史中少有记载,故史学界俗称之赵姬。

对于赵姬,历史上多数持否定的观点,有些酸楚的文人多次出言讽刺,极尽挖苦之能事,甚至是侮辱赵姬,其实她也有自己的无奈。

一切都仿佛是被迫接受,又仿佛是她在有意为之,和吕不韦里应外合,成就自己的同时也成就别人。

也正是赵姬,让秦国后期的历史变得更为传奇,让秦始皇的性格更加饱受别人的争议。

赵姬名字中的一个"姬"字,更是让人联想无限。很多人认为,这和赵姬的职业有关系,很可能当时的赵姬就是邯郸城中某一歌舞酒肆中的歌姬,吕不韦见其貌美如花,才华横溢,便挥手千金,将她赎身。

其实,这种说法是站不住脚的。吕不韦既然能够毫不吝啬地将赵姬献出来,在一切政治斡旋中表现得如鱼得水,与其理性和智慧是分不开的。这样一个为了前途可以舍弃一切的人怎会冲动地为了一个女人，擅自动用家财为之赎身呢？更何况，后来的赵姬成了嬴异人的人，嬴异人好歹也是一直活动在邯郸街头巷尾的人物，如果真的有这么样的一个尤物，他是不会不知道的。后来赵姬在吕不韦和嬴异人逃出邯郸之后，能够成功地躲藏，也是多靠了其娘家的身份，如果她是一个烟花柳巷之人，就不可能在赵王的羽翼下，孤儿寡母藏那么长的时间。

所以，有人说当时的"姬"字其实是对妇女美丽的称呼，也常常用于称呼自己的妻妾。

历史还在向前发展，而赵姬的传奇也还在继续。就在赵姬到达咸阳不久，她名义上的丈夫秦庄襄王就死了。关于秦庄襄王的死，历史上普遍认为，他多年来在邯郸穷困潦倒，生活清苦，是故身体一直不好。在秦国做了三年秦王之后，患上重病，没有支撑多久便驾鹤西去。

从此，秦王政的时代到来了。

秦王政即位之后，吕不韦因为功勋，被封为"仲父"。仲父一词自古乃是对管仲的尊称，到了秦王政时期，伯仲亚季，就分别是大伯（叔），二伯（叔），三伯（叔），四（小）伯（叔）的意思。由此足见，吕不韦权势之重，已经达到了他人生仕途的巅峰。

在这一期间，发生了一件让整个秦国王室蒙羞的事情，即仲父吕不韦和太后赵姬竟然经常在寝宫之中幽会。

由此而观之，也许吕不韦和太后赵姬之间是有着深厚的感情的。当初的赵姬，虽然擅长歌舞，但却是个十足的不解风情的少妇，后来变成了万种风情的赵姬，应该说是时势造成的。她对于嬴异人很可能是强颜欢笑，为了满足吕不韦和自己的政治野心，赵姬不得已出卖自己的肉体，践踏自己的灵魂。

而吕不韦在秦庄襄王死后也日益权大，秦王政都需要看他的脸色行事，在他的眼中，已经把自己当做了秦国的太上皇。只可惜秦王是不会答应的，而且随着其年岁的增长，其霸气也不断外漏。因为在嬴政的眼中，自己已经是嬴氏王朝的子孙，容不得半点玷污，自然对于吕不韦和自己母后不检点的做法也心存芥蒂，一旦他亲政定要惩治他们。更何况，老秦人虽然实力衰落，比起新兴的地主阶级，略显不如，但是比起一个吕不韦而言，其实力还是很客观的。

秦王政要的，不是自己顺应吕不韦，也不是顺应秦氏的那些老贵族们，而是要利用他们，让整个天下都匍匐在自己的脚下。

最终，吕不韦发现了这个孩子的不平凡之处，如果自己现在不悬崖勒马，他相信，他日嬴政亲政之后，自己定然难得善终。于是，吕不韦当机立断，和太后赵姬断绝了关系。

《吕氏春秋》横空出世

历史不断地前行，曾经的傀儡嬴政正逐渐成长起来，甚至有了要亲政的倾向。当时，魏国有信陵君，楚国有春申君，赵国有平原君，齐国有孟尝君，他们只是个公子，权力自然比不过吕不韦。吕不韦不仅是秦国的丞相，更是秦国的辅政大臣，军机政务全部集中在他的手中，可谓一手遮天。

可是纵观战国四公子，哪一位都是礼贤下士的能人，收买人心的高手。其门下食客皆号称数千人。这就让吕不韦心中产生极大的不平衡，自己堂堂一国丞相，总揽朝政，竟然门可罗雀，门客极少。于是，吕不韦决定，要做得比战国四公子更好，他不仅花费了大量的财力，招揽到了3000多门人，还对他们进行了严格的筛选，勇士、猛将等，吕不韦半点也看不上，他所喜爱的，是文采斐然、智谋超群之人。

这也许与吕不韦自身的身份有关，吕不韦本身是一个商人，精于计算、长于谋略，那些贩夫走卒，四肢发达头脑简单的莽夫，吕不韦怎么可能将他们放在眼里？秦国猛将如云、高手林立，吕不韦也犯不着去犯忌，蓄养那些征伐猛士。

吕不韦在权力上已经达到了一个巅峰，除非谋权篡位，否则再难有进一步升迁的机会。为今之计，只有通过著书立说，树立自己的威信，扩大自己的影响，继而名传青史，才能让吕不韦提起浓厚的兴趣。而且，吕不韦深知，仅仅凭借自己的才华，著书立说以传千秋万代，时间上不允许，能力也有限。只有充分地依靠自己的优势，才能够实现自己的理想。

所以吕不韦决定，要借助那些擅长舞文弄墨的门客和擅长争辩的人才来帮助他实现这一愿望。吕不韦让门下食客各自著述，只要是自己所闻所见，所思所想全部都写出来。等到数千篇文章交上来后，吕不韦才发现，竟然五花八门，三教九流、士农工商、国家兴衰治乱、天地万物荣辱，没有什么不囊括其中的。表面上看来，这些文章没有任何线索可查，没有任何体系可表。这整个儿是一部杂文，水平不同，高低难榷，何以成就不世奇书呢？

这时候，一个门人向吕不韦建议，可以挑选一些写得好的人，对搜集上来的文章进行系统地筛选，对其归类整理、删除、更新和重新组合。吕不韦想以此书彪炳自己功绩，也希望它流传百世，所以他半点也没有马虎。书成之后，他还组织人员对其进行了数次修改，直到达到满意为止。

在众人的努力下，公元前239年，《吕氏春秋》（也叫《吕览》）横空出世。

《吕氏春秋》著述完毕后，吕不韦又挑选几位博学之人对这些文章进行遴选、归类，综合在一起。吕不韦自认为，《吕氏春秋》堪称千古佳作，甚至还夸口说，此书是包揽了天地、万物和古今的绝世奇书。

从当时的实际条件而言，能够成就如此鸿篇巨制，实在是很难做到。吕不韦借助秦国的强大以及自己的权势，才得以成书。

单以《吕氏春秋》全书的体系而言，可以分为十二纪、八览、六论，其中，十二纪是全书的精要所在，分为《春纪》《夏纪》《秋纪》《冬纪》，每纪都是15篇，共60篇。在"法天地"的基础上，最终编辑而成了这部书。十二纪象征"大圜"的天，因此，《吕氏春秋》在这一部分，将十二月令作为组合材料的线索。《春纪》讨论的是养生的方法，《夏纪》论述的是教学与音乐理论，《秋纪》讨论的是军事战争问题，《冬纪》则主要论述人的思想道德问题。八览，因为丢失了一篇，所以只剩下63篇，自开天辟地而始，一直说到做人务本之道、治国之道以及分别善恶是非、如何驾驭百姓、成就君王大业等。六论则总共有36篇，杂论各家学说，但依旧有自己的主线。

在《吕氏春秋》26卷中，囊括了161篇文章（现在存有160篇），总字数达20多万。其内容驳杂，主要包括儒、道思想，同时还兼有墨、法、兵、农、纵横、阴阳家等各家思想，还涉及天文、地理、历法、数学、音律等方面。

所以《汉书·艺文志》一书中，将《吕氏春秋》列入杂家。这自然指的是其涉及的内容太多，太过驳杂。但是通观整本《吕氏春秋》，就可以发现它具备完整的组织系统，大量的理论构架，前后衔接严密的组织体系。恰如《用众》所说的那样："天下无粹白之狐，而有粹白之裘，取之众白也。"

吕不韦之所以编著这本《吕氏春秋》，就是想要集齐各家的精华，成就独立而富有特色的思想，因此全篇主要以道家思想、儒家思想为主，用以客观可信的态度，从公平科学的角度出发，对一切事物一视同仁，这也恰恰和《吕氏春秋·序意》所言："私视使目盲，私听使耳聋，私虑使心狂。三者皆私设，精则智无由公。智不公，则福日衰，灾日隆。"吕不韦的观念，就是要融合各家学说，成就一部集大成的旷世著作。

而书成之日，吕不韦也面临着和秦王政的争权问题。秦王政渐渐成长，并网罗了李斯等一大批青年才俊，和吕不韦分庭抗礼。

眼看自己的权力日益削弱，地位不断下降，甚至自己的威信也在与日俱减，吕不韦自然不会坐以待毙，他想出了一个绝妙的主意，就是让人将《吕氏春秋》全套书籍誊写完毕，进而悬挂在咸阳的城门之上。同时向整个天下发出布告，谁能够在原文上删除或者增加或者更新一个字，就会得到一千金的奖赏。吕不韦此举，看似莽撞，实则大有深意。

首先，这个布告无疑将《吕氏春秋》纳入天下舆论的中心地带，使得人人皆知这本书。通过一字赏千金的做法，让天下人都认识到，这本书果真是"备天地万物古今之事""欲以并天下"的旷世奇书。其中文章字字珠玑，严谨完美，多一字太多，少一字太少，变一字太偏，更一字太窄。

其次，《吕氏春秋》代表的是吕不韦对自己志得意满、功震天下的自信。天下人看之，虽然有千金相诱，却无人敢去触及吕不韦的禁脔，敢于与虎谋皮。吕不韦在刹那间便声威大震，连秦王政也自愧不如。如此，其辅政大权就能够更加稳固，秦王要亲政，要对吕不韦下手，就要三思而后行。

毫无疑问，《吕氏春秋》出色地集中了上千人的智慧，汇集了先秦时期各家学说的精要，从宏大的视角出发，取其精华去其糟粕，成为战国末年最为宏大的学术巨著。

《吕氏春秋》在思想上对先秦诸子进行了总结性的批判。《不二》篇中说："老聃贵柔，孔子贵仁，墨翟贵廉，关尹贵清，列子贵虚，陈骈贵齐，阳生贵己，孙膑贵势，王廖贵先，倪良贵后。"客观地指出了他们并非完人。这部书还创造性地提出了统一各家学说的思想，认为"一则治，异则乱；一则安，异则危"（《不二》），在统一的思想之下，最终实现"齐万不同，愚智工拙，皆尽力竭能，如出一穴"的理想。《吕氏春秋》即在这种思想的影响下，对各家学说进行了改造、发展与摒弃。自然，在取舍方面，因为成书时间不长，各家政见不一，观点各异，遂有所疏漏，有失偏颇。尤其是在君王大业之上，吸收了孔子的统一王朝的思想，但是却不赞成恢复周王朝的礼治，而偏好封建君主专制。

《吕氏春秋》对于物质的起源也有自己朴素的认识，此书将宋尹学派的"精气"说拿过来加以改造。宋尹学派认为："凡物之精，此则为生，下生五谷，上为列星。"而《吕氏春秋》说："万物所处，造于太一，化于阴阳。"（《大乐》）和道家的"道生一、一生二、二生三、三生万物"的思想有异曲同工之妙。

进而延伸到对待社会历史的观念上，《吕氏春秋》认为历史是前进发展的，并在《长见》一文中提出："今之于古也，犹古之于后世也。今之于后世，亦犹今之于古也。故审知今，则可知古，知古则可知后，古今前后一也。"其观念坚持历史是环环相扣的，今天的人看待古代的社会，和后人看今天的社会，其实是一样的。因而为政者一定要适应时代和历史的变化，适当地变迁政策，如此才能够令社会长治久安。

综上可见，《吕氏春秋》无论是在其文学性、思想性还是在辩证性上，都有其独到的见解，前无古人自成一家。

是故司马迁毫不吝啬地称赞《吕氏春秋》"备天地万物古今之事"。在《报任安书》中，更是将之和《国语》《周易》《春秋》《离骚》等千古奇作相提并论。东汉高诱也盛赞之，认为《吕氏春秋》"大出诸子之右"，说明他认为吕不韦这本书的成就高于先秦诸子，得以独领风骚。

关于《吕氏春秋》的成就和价值，还留待今人的不断探索，后人的不断思考，一切都难以定论。唯一能够确定的是，《吕氏春秋》正受到越来越多人的关注和研究，其价值也在不断被探索和发现，其光芒无法掩藏。

太后生子

秦王政亲政的前夕，后宫中发生了一系列的剧变。后人评价秦始皇时，对其毁誉参半，既有巨大的功绩，也有凶残的个性。

在某些政策上，他的确是比较偏激的，这一切也许是后天环境所致。一个曾经在邯郸籍籍无名的秦国小子，居然能够坐在天下的巅峰大位之上，其内心一定发生了翻天覆地的变化；登上王位后，那些曾经和他亲厚的人，要么成了他的政敌，要么对他别有用心，这肯定对他的内心也有影响；表面上光鲜亮丽的秦王朝，其内部实际隐藏着很多的肮脏龌龊，这对他必定也会造成无法磨灭的印记……正是在这样变迁的潜移默化中，在这样残酷的政治环境中，秦王政逐渐从一个纯真的孩童演变成为一个杀伐果断、毫不手软的君王。

自从秦王政的父王过世之后，秦王政的母亲，也就是赵太后便逐渐疏远了他。号称仲父的吕不韦不仅没有尽到父亲的责任，反而处处针对他，防备他。吕不韦独揽大权，一手遮天，全然不将他这个秦王放在眼里。当时后宫之中甚至还传出流言蜚语，说赵姬和吕不韦有染,这让对自己父王一向爱戴的秦王政难以接受。不久之后,咸阳城中更有人传言,说秦王可能是吕不韦的私生子,这让秦王政更加愤恨。

但是秦王政除了忍受之外别无选择,因为他的羽翼尚未丰满,此时如果稍微露出一点不满,便会招致吕不韦的打击。太后赵姬离开咸阳去到雍地的宫殿中后,秦王感到更加孤立无援。于是,他为了打击吕不韦的势力,开始大力培植自己的势力,这时他最依靠的人是李斯。

秦王政极力笼络李斯,一来是因为李斯贵为荀卿的关门弟子,的确是不世出的奇才,对于秦国的发展也有自己独到的见解;二来他本身是吕不韦的门客,秦王政大力提拔他,吕不韦不会反对,至少在一开始,还意识不到李斯的存在对自己的威胁;第三,也是最为重要的因素,李斯忠心于秦王政,一开始他就明确地向秦王政表示,自己只忠心于一个人,这个人不是吕不韦,也不是秦王,而是他自己。他自己要飞黄腾达,要真正地有一番成就,所以他要全心全力地依附秦王,忠心于秦王。

李斯被提拔上来,做了太尉,但是还不足以和吕不韦经营了10多年的丞相之位相提并论。秦王政于是想到了依靠自己母后去制约吕不韦,至少在名义上,太后赵姬才是秦国的最老资格者。

但是太后赵姬只知道整日沉溺于自己的事情,几乎很少干预朝中大事,即使曾经偶尔听政,所有大事全是让吕不韦全权处理。如今她又身在外地、鞭长莫及,如何能够让太后为秦王政所用呢?

恰好这个时候，一个人的出现引起了秦王政注意，他就是嫪毐。

太后似乎特别信任嫪毐，竟然为此多次前来找秦王，要秦王给嫪毐封赏，甚至还要给他封官。经过秦王政的观察，嫪毐虽然是个宦官，其能力却是不容小觑。太后既然有所求，秦王政正好做个顺水人情，既可以让太后为自己所制，也可以让嫪毐和吕不韦相争，自己乐得作壁上观，最终坐收渔翁之利。秦王政对于太后，还是有一些感情的，尽管宫闱盛传太后经常做一些出格的事情。

当时秦王政除了能够向太后赵姬说出一些心事之外，还有一个人，也可以说得上话。那个人就是秦庄襄王嬴子楚的生母夏太后，只可惜夏太后在秦王政七年（公元前240年）去世了。在夏太后去世之后，秦王政越来越感到，自己身边无人，心理也逐渐发生了变化。

值得一提的是，夏太后死后，并没有和孝文王葬在一起。为了表示对华阳太后的尊崇，华阳太后和孝文王一起合葬在寿陵。正好夏太后的儿子秦庄襄王就葬在芷阳，为了向东能够看到自己的儿子，向西可以看见自己的丈夫，夏太后向秦王交代，请求单独埋葬在杜原之东，秦王准之。史称，夏太后预言，百年之后旁边还会出现一个万户的城邑。

这时的秦王已经变得越来越亲近自己的近臣，经常召集李斯等人前往宫廷，和他们纵论天下大势。

从种种迹象发现，嫪毐和太后之间似乎有不可告人的秘密。嫪毐只不过是一个宦官，何德何能，竟然有仆人书童上千人，依附他以求仕途通达的食客也达到了千人以上。这些人空有一腔才华，满心抱负，殊不知君子不立危墙之下，随着嫪毐的得寸进尺，秦王政早就忍受到了极限。要不是顾忌太后和吕不韦，秦王政早就想要对他动手了。

可是这些士人门客看到的只是秦王对嫪毐越加亲厚，甚至还封他为长信侯，以山阳（今河南焦作东南）地区为其住地，又以河西、太原郡为其封田。太后赵姬却深知自己的处境，随着嫪毐的日益猖獗，秦王政的逐渐成长，迟早有一天秦王会对付嫪毐。如果她和嫪毐的这段纠葛被秦王政知道，则嫪毐的毁灭就在转瞬之间。

果然，秦王政九年（公元前238年），嫪毐身边的一个人终于将这件事情告诉了秦王，他声称嫪毐实际上并不是真正的宦官，而且太后和他搬到外地去居住也是为了避免咸阳众多耳目的发现。实际上，嫪毐和太后赵姬常常淫乱私通，而且还生下了两个儿子，已经将他们隐藏了起来。

这位告密者还告知秦王，嫪毐自称"假父"，甚至他还密谋，等秦王政死后，就让他和太后的儿子继承王位。秦王政听后大怒不已，以前对他们之间的事虽然早就听闻了许多闲言碎语，但是他并没有当作事实去对待，今日竟然被人提了出来，不仅是王室的丑闻，也是自己的悲哀，更是对秦国王位的威胁。

秦王政绝对不会允许这样的事情出现。史书没有记载那个告密者的结局如何，但是从秦王政一面杀伐一面痛苦的表现中可以断定，这个告密者也必定会难逃死罪。秦王政下令彻底查清此事，他要证明这一切都是虚妄胡诌的，流言止于智者，秦王政要将自己变成那个智者。

调查结果果然止住了流言，因为它变成了真相。更加严重的是，这一切的始作俑者，竟然是当今相国——仲父吕不韦。

秦王大怒不已，可是一方面牵涉到自己的母亲，一方面牵涉到帝国的支柱，如果惩治了他们，必然会引起国家动荡。眼下秦王自己的根基虽然有所稳固，但是如果同时和双方交恶，胜算必定大大降低。但是如果不惩治他们，则非但秦王本身会受到整个天下的耻笑，整个秦国王室也会因此蒙羞，如此一来便是对秦国先祖的不忠不义不孝之举。

于是，秦王政和李斯商议，先稳住吕不韦，然后加紧对付嫪毐。

嫪毐被封为长信侯，又得到河西太原郡，从此过上了骄奢淫逸的王侯生活。但是他并没有放松对都城咸阳的密切监视，就在秦王政准备对他动手之时，他便在第一时间得到了消息。"先下手为强，后下手遭殃"，嫪毐决定先发制人。他趁着秦王政在雍城蕲年宫举行加冠之礼时，盗取了秦王的御玺和太后的玺，调动了数千县卒、官卫士卒官骑攻击蕲年宫。

秦王政虽然身在外地，举行加冠之礼，但是却也丝毫没有放松对嫪毐的监视。他准备自己加冠之后，第一时间除掉嫪毐。在此之前，秦王早就命相国昌平君、昌文君领咸阳士卒在雍城郊外不远处，随时候命以策万全。

嫪毐叛军刚刚发动攻击，秦王平乱的军队就随之而来，经过一番激战，叛军很快就被打得一蹶不振，秦王下令："参加此次平乱的军士，凡立下战功的均拜爵厚赏，即使是宦官，只要参战的也拜爵一级。"(《史记·秦始皇本纪》)这更加激励了军士的勇猛作战，结果嫪毐的军队大败，叛军中有数百人被俘虏，秦王政毫不犹豫地将之杀死，唯独剩下嫪毐和其死党数十人仓皇逃窜。

嫪毐的实力在此一战被彻底打垮，其他诸侯国从没有得到他的恩惠，秦国又是如此的强大，他国自然不会帮助他而得罪秦国。因此嫪毐势单力薄，已经对秦王构不成任何威胁了。

秦王政一纸诏令，通告全国，能够生擒嫪毐的人，赏赐钱百万；能够杀死嫪毐的人，赏赐钱财五十万。这无疑是向嫪毐宣告他已经被判了死刑，也在向全国宣告，秦王自己希望能够手刃此人。不出三日，嫪毐的行踪便泄露了，他和其死党被秦王一网打尽。嫪毐最终遭受车裂之刑，其三族被诛。

太后内心一定是很矛盾的，一方面秦王竟然全然不顾及自己的感受，杀了自己心爱的男人；另一方面她再也不必为这一段荒谬的感情胆战心惊了；她还有值得欣慰的一方面，即秦王政终于强大起来，能够凭借自己的力量护卫自己的权势。

跟随嫪毐的那些死党，比如内史肆、佐弋竭、卫尉竭、中大夫令齐等20人皆受枭首之刑。那些奢望追随嫪毐，能够飞黄腾达的宾客舍人们也遭受了鱼池之殃，罪轻的人为供役宗庙的取薪者——鬼薪，罪重者达到了4000余人，全部被剥夺了爵位，迁到蜀中，徒役三年。

最让太后赵姬伤心的应该是她和嫪毐的两个儿子，竟然也被秦王一同杀害。对于秦王来说，太后和嫪毐的两个儿子无疑是他，也是秦国永远的耻辱，如若不杀难解他心头之恨。秦王的残忍让许多大臣感到脊背发凉。

太后并没有因为是秦王的生母而脱离干系,她也受到了惩罚。秦王将其驱逐出咸阳,迁到城外的械阳宫居住。秦王政还向文武百官以及秦国的百姓宣布,和赵姬断绝母子关系,永不再见。"身体发肤,受之父母",中国人最重视的就是孝道,秦王这一举动,有些不近人情。于是,许多人准备向秦王进谏,让他宽容地对待赵太后。秦王政认为进谏之人肯定与嫪毐有交往,和太后有交情,这时自己刚刚亲政不久,就必须要杀一儆百,树立权威。于是,秦王明令朝臣敢有为太后之事进谏者,"戮而杀之,蒺藜其背"(《史记·秦始皇本纪》)。但是令秦王没有想到的是,政令颁布后,竟然还有27个大臣前来进谏。事情发展到这一步,秦王政贵为秦国君王,自然一言既出驷马难追,遂忍痛将这些大臣全部处死,并将其尸体挂到了咸阳的宫墙之上,以儆效尤。

赢到尽头总是输

不过，在这期间有一个人不得不提，这个人就是茅焦。茅焦，生卒年不详，只知道他是齐国人。

秦始皇一连杀了27位大臣，果然起到了杀鸡儆猴的效果。秦国之中已无人再敢向秦王进谏了，谁也不想拿着自己的性命去做原本就没有希望的事情。但是在战国那个激情飞扬的时代，总会有那么一些人，明知前方路途艰难也要去冒险。聪明而抓住机会的人，从此一飞冲天；糊涂而没有掌握好时机的人，就此魂断黄泉。这时候，秦国的一个门客茅焦挺身而出，甘心做一个冒险者，用自己的生命来赌一次。

在此之前，茅焦便在咸阳城内外大造声势，四处宣扬：儿子竟然不顾孝道，将母亲囚禁，将秦国搞得天翻地覆，这是何等道理？他还向世人宣称，自己并不是秦国人，本来应该各人自扫门前雪，休管他人瓦上霜的，但是天下人管天下事，他实在是看不过去了，所以才前来劝谏大王收回成命。

秦王听说这件事情后，并没有立刻派人杀了他，而是下了诏令，让茅焦前去见他，让他说出道理来，能说服秦王固然很好，不能的话就只能杀身成仁了。

秦王政这次并没有要故意杀害茅焦，因为在见茅焦之前，他派使者前去告诉茅焦："先生怎么有这么大的胆子，大王正在怒火之中，接连杀了27位大臣，你一介布衣，难道就不怕步那些劝谏大王而被杀之人的后尘吗？"

茅焦很坦然地叫来了侍者并对其吩咐，给他准备一缸温水，他要沐浴更衣，不久后他就要前去觐见秦王，可谓凶多吉少，准备好了就有恃无恐了。同时他对使者说道："囚禁太后，在下不能赞成，所以准备前去冒死劝谏。古书上说，二十八星宿都居住在周天寰宇之上，如今已经有27个荣登神位，这下我来了，正好凑够二十八宿之数，何惧之有？"

起初来使还以为茅焦不过是疯人疯语，并没有当真，岂料他在沐浴之后，真的大大咧咧地准备前去觐见秦王。茅焦此举吓坏了与他一起居住的那些人，他们皆认为，茅焦此去定然是凶多吉少。秦国刑法中有连坐之法，他们害怕因为茅焦的缘故，殃及他们这些池鱼。不等茅焦到达咸阳宫，便私自瓜分了茅焦的行李，各自四散奔逃。

听闻使者的回报，秦王政当即无名火起。愤怒之下，秦王命人准备了一口大锅，里面注入一锅的水，并让人将水烧开，这恐怕是对茅焦的恐吓。做完这一切后，秦王政更是拿出了君王剑，端坐在大位之上，气势汹汹地让茅焦进见。

茅焦一进入宫殿便发觉气氛有些不对，如果自己贸然进去，恐怕还来不及开口，秦王便要让自己血溅三尺。为了减弱秦王的怒气，茅焦故意缓缓地步入宫殿，以缓和压抑紧张的气氛。

使者看不下去了，这样子慢吞吞地走，比起八十岁的老太婆都不如，何年何月才能够见到秦王？于是，使者便催促茅焦，让他快点，别让秦王等急了。

茅焦依旧不慌不忙地说道："在下还想要慢点呢，相信使者也清楚，在下这一去，可是竖着进去，横着出来，何必急于一时呢？"

使者听了他的这番话，不禁替他悲哀，这人何苦要来自寻死路呢？

历史仿佛在那一瞬间变得无比缓慢，茅焦这一行，也好像走过了一生的时间。待其终于走到秦王政的面前，不慌不忙地向秦王政行过礼后，继而用缓慢的语速对秦王道："众所周知，如果一个人长寿，是不会忌讳谈论死亡的；如果一个人是国君，是不应该忌讳研究国家是否会灭亡的。这是什么原因呢？一个人如果忌讳死亡，他的寿命是否会变得更加长久呢？一国君主如果忌讳亡国，他的国家是否就一定能够长久地保存呢？自然不能。大凡贤明的君主，都不会忌讳谈论身死存亡，不管是国家也好，对个人也罢。不知道大王是否也是这样？"

茅焦很聪明，他用短短几句话就将秦王纳入自己的言语彀中，迫使他听从自己接下来的说辞，还通过这种旁敲侧击的手法，让秦王的怒气稍稍缓解。秦王问道："你说这句话，可有什么深意？"

茅焦心中暗自笑了，遂向前一步，向秦王政说道："阿谀奉承的话，忠臣从来不讲；违背世俗的事，明君向来不做。然而看看现在，大王的行为是多么的荒唐。草民虽然不能擅自称呼自己为忠臣，但是见大王犯错，就不得不说了，否则会让草民觉得，自己辜负了大王。"

秦王政停顿了一会，心想这茅焦貌不惊人言却能够压众，遂向他问道："有什么话你大可以说出来，不必藏着掖着。"

茅焦知道，这时候秦王的怒气明显消散了不少，对自己说话的语气也客气了不少，遂大胆地说道："天下何以会那么尊敬秦国呢，秦国的军事和经济力量强大，固然是很重要的原因，但是还有更为重要的原因在于，历代秦王都具备雄才大略，大王更是举世无双的英明君主，深得人心。然而现在大王却做了一些不得人心的事情：首先车裂了你的假父，为不仁之举；其次则杀死了两个弟弟，为不友之举；再次则将太后软禁在外，为不孝之行；最后还轻率地杀害忠贞不贰的大臣，这和夏桀、商纣有什么区别？公道自在人心，大家即使嘴上不说，但是心里面定然不会服气。如果全天下都听说了大王的这些举动，还有谁愿意归附秦国，信奉大王呢？如此一来，秦国危矣，大王危矣，这怎不叫人担心呢？"

秦王听了他这番话，心中顿时七上八下。自己虽然挥手间便会让别人流血漂橹，但是一个人的声誉好坏是极其重要的。魏国有信陵君，信陵君有好声誉，是故英才毕集在他的门下，魏国得以不亡；楚国有春申君，春申君有好名声，是故山东群雄拜服在楚国的威仪之下，合纵乃成，楚国方安。身为秦王的自己如果没有了好的名声，则人心尽丧，谈何一统天下？

其实这时候，秦王已经被茅焦的语言所动。茅焦也看中了秦王这点，于是直接解开衣服，走出了秦王的大殿，伏在殿下等待受刑。其实茅焦若想真心受刑很容易，直接跳到大锅中就可以了，那样他就真的是求死心切，必死无疑。但是茅焦并不想死，他之所以这么做，目的就是向秦王展示一下自己的必死决心以及一片赤胆忠心。

秦王自然知道茅焦的意图，也明晰茅焦话中的道理，于是亲自走出大殿扶起茅焦，对他说道："赦你无罪！先生快快请起，穿上衣服，不要受了寒气。先生的话很有道理，寡人愿意听从你的金口之言，眼下寡人应该怎么做呢？"

于是茅焦进一步对秦王政进言道："大王首先要做的，就是厚葬以前前来劝谏的那27位大臣，因为他们是秦国真正的忠臣，只有这样才不会寒了天下忠臣的心；其次，大王要赶快将太后接回来，免得落得个迁徙母后的千古骂名，这样也有利于收买人心，一统天下的大业也会因此而顺利许多。"

秦王顿时说道："只有先生的这番话才真正地合寡人心意。以前的人，只知道指责寡人的过错，哪里像先生一般，用一统天下的道理让寡人茅塞顿开。先生的意见很好，寡人答应一切按照先生说的办。"

于是，秦王悉数遵从了茅焦的建议，厚葬大臣，接回母亲，而且还是亲自驾车前去迎接赵姬。只是众人都心知肚明，秦王这么做只是为了统一大业，他和太后之间已经产生了一条难以逾越的鸿沟，不可能恢复以前的关系了。而对于吕不韦，于公于私，秦王都不会轻易放过他。

太后赵姬并没有十分在意之前的事，回到咸阳之后，装作若无其事的样子设酒宴款待了茅焦,还不断地称赞茅焦道:"天下最正直的大臣,莫过于先生了。在危急时刻,先生能够挺身而出,不仅让我们母子能够破镜重圆,也让秦国的江山社稷转危为安,功劳之大,实在是难以形容。"

经此一事,茅焦走入了秦王的视野,成了秦王政尊敬和信任的人,被秦王立为太傅,尊为上卿。

在诛除了嫪毐及其党羽之后,秦王政转而将矛头对向了吕不韦。本来秦王准备一不做二不休,但是却有两个方面让他担心。首先是宫廷内外盛传,自己是吕不韦的私生子,宁可信其有不可信其无,假如这件事情是真的,那么自己若亲手杀害了吕不韦,就会犯下大忌讳;其次,朝中遍布吕不韦的党羽,而且大多数人都来为吕不韦求情,连李斯都认为,杀之恐怕会引起众怒。之前秦王杀害赵姬的两个尚在襁褓中的孩子以及 20 多位进谏大臣,已经让群臣震惊,秦王威慑群臣的效果已经达成,即使他再怎么残忍,也不能够将朝堂之上超过半数的文武百官杀死。

无奈之下,秦王免除了吕不韦的死刑,却剥夺了他的丞相职位,将他贬谪到河南地界。但这件事情让秦王政真正见识了吕不韦实力的强大和根基的深厚。秦王政发现,吕不韦在当地居住的一年之中,山东诸侯国竟然多次派遣使者前去看望他,秦国境内也有不少的宾客前去拜访他。秦王深知吕不韦如果发动变乱,自己必然难以应付,秦国也会在萧墙之争中衰落不少,山东诸国便会得到喘息的机会。秦国要一统天下,便只能静待时变。

于是,秦王政亲自给吕不韦写了一封信,信中提到:

"你对于秦国,实在无尺寸之功,但却得到了河南作为自己的封国，有十万户的民户听从你的调遣。

"你对于秦国，实在是没有半点亲属关系，但是却得到了仲父的称号，你难道就不觉得自惭形秽？

"聪明的人，就一定懂得进退之理、升落之道。你眼下可有一个选择，足以保全性命，那就是速速前往蜀中，不要再在河南逗留，不要再和宾客诸侯交往。"

据司马迁《史记》记载说，吕不韦这时候很伤心，因为嬴政毕竟是自己的儿子，父子相争不是什么好事情，而且自己的胜算其实并不大，还会白白地削弱秦国。吕不韦本来就是一个商人，自然知道天下的生意总是输赢参半，有人赚钱，就必定有人会折本。如果叫他说出实情，秦王政必定更加难以接受，自己也免不了杀身之祸。即使听从了秦王的建议，前往蜀中，也必定会过上囚徒般的生活，说不定有朝一日还会被杀。吕不韦长叹数声，差点潸然泪下，遂饮下了毒酒，顷刻之间便毒发毙命。

纵观吕不韦的辉煌的政治生命，以美酒开始，以鸩酒终结。其实已经没有了什么遗憾，也许唯一觉得对不起的，就是孤苦无依的赵姬。

不过，赵姬最终还是得到了善终，秦王政十九年（公元前229年），太后去世，谥号为帝太后。赵姬死后，经秦王政允许，和庄襄王一起葬在芷阳。

第四章

东周灭亡，无可奈何花落去

太子的替身

春申君本名黄歇,年轻之时,黄歇四处游学,拜师学艺,在行万里路的同时,也极大地增长了见识,提升了自己的谋略。尤其是他的辩才,更是深受楚顷襄王的欣赏。

也正是在楚顷襄王还是太子之时,黄歇便作为质子留在秦国,对于秦国的了解很深厚。后来回到楚国,楚怀王已死,楚顷襄王遂开始重用黄歇。

公元前272年,秦国白起打败了魏国和韩国的联合军队,韩、魏两国遂听命于秦国,准备大举进攻楚国。楚顷襄王无奈,只能派遣辩才出众的黄歇出使秦国。黄歇遂对秦昭襄王上书,言及当前的国际形势,认为秦国和楚国势均力敌,一旦步入不死不休的境地,则最终的结果必然是两败俱伤,韩国、赵国、魏国和齐国则从中渔利。与其做吃力不讨好的事情,倒不如和楚国一道,攻打其他国家。这种事情对于秦国,自然有百利而无一害,秦王就答应了黄歇的提议,和楚国结盟。

为了表示楚国的诚意,楚顷襄王遂派遣黄歇和太子熊完前去秦国做人质，此次一去便是十年时间。

公元前263年，楚顷襄王熊横一病不起，眼看就要一命呜呼，遂遣人来到秦国，请求秦王准许太子熊完和春申君回到自己的国家，让太子能够继承楚国国君的大位。

然而，秦国却认为，如果楚王驾崩，楚国太子不能回到自己的国家，国内必定变乱丛生，更加有利于秦国，所以秦国说什么也不让太子熊完回去。

黄歇认为，如果这时候去直接找秦王，对其言说楚国太子回国的要求，不但不会有什么效果，搞不好还会弄巧成拙。这时候，范雎还在位，而且最得秦昭襄王的信任。于是，黄歇决定去说服范雎。

黄歇一见到范雎，便对其陈述了利弊所在。兵法云，知己知彼百战百胜，黄歇直言秦国和楚国目前的形势，认为眼下秦国之所以不让楚国太子回国，无非是为了能够借以要挟楚国或者让楚国在群龙无首之下生出祸端。殊不知，祸兮福所倚，福兮祸所伏，看似楚国会遭受重创，实际上，楚顷襄王早就做好了准备，纵使太子不能够回到楚国，楚国也能很容易就从众多王子当中找出最合适的人继承大位。那个人虽然不是名正言顺，事急从权，其才智一定不会低于当今的太子。不仅秦国和楚国的友好关系会就此破裂，太子熊完虽然身在秦国，却会因为无法返回楚国而失去了价值。

秦国最需要的就是一个友好的楚国和为秦国马首是瞻的楚王，除了太子熊完之外，黄歇认为其他人都很难办到。只要秦国能够放归太子，则太子即位之后，必定感念秦王的恩德，对秦楚之间的友好关系必定百般呵护。由此可见，放回熊完则双方都有利，反之则必定不利于秦国。

其实在此之前，范雎就已经对放归太子熊完与否的问题进行了深刻的思考，也认识到了其利弊所在，只是如果不给予楚国一点难处，楚王就不会感恩。范雎要做的，就是将一件事情的利益最大化。

黄歇既然代替楚国太子表了态，范雎也乐于向秦昭襄王传递其意图。秦昭襄王何等聪明，自然很容易就明白了黄歇所言的道理。只是秦昭襄王更担心，如果此时的楚顷襄王并没有病，却故意装病。如果是这样，到时候不仅楚国的把柄不在，楚国得以安定。连春申君黄歇这样的人才也得以回到楚国，对于秦国而言，无疑是一件危险的事情。

要知道，此刻秦国正和赵国在长平对峙，战争的天平随时会倾向于一方，只要那一方的筹码稍微有所加大。秦国自然不会放任楚国倒向赵国一边。

于是，秦昭襄王下令，让熊完的师傅回去探望一下楚顷襄王的病情，实际上，这只是一个缓兵之计。

黄歇也认识到，虽然自己说的头头是道，但秦国实际上并没有下定决心放了太子熊完。黄歇也清楚地知晓楚顷襄王以前身体就不好，加上国家日益衰弱，经常沉溺酒色，此番来报病情加重，一定不是虚言。

此时此刻，楚国的国政都把持在王室宗亲阳文君的手中，一旦大王驾鹤西去，则他必定扶持自己的儿子成为新任太子，其他王子自然不会服气，只有熊完才是名正言顺的王位继承人，他回不去，楚国就会在一场王位争夺中陷入混乱，本来就江河日下的国势，必然会就此一蹶不振。

解决一切问题的关键，就是尽快送太子熊完回国。

既然秦国迁延不进，拖延时间。黄歇也就不再抱有希望。于是，在黄歇的心中，便产生了一条妙计：自己依然留在太子行宫之内，而太子熊完则换上从楚国而来的使臣的马夫的衣服，和楚国使团一起，走出咸阳，走出秦国的关卡。

果然，在黄歇以身犯险的情况下，楚太子有惊无险地走出了秦国，回到了自己的国家。而黄歇在这一段时间内，则向外宣称，太子熊完卧病在床，一律不会宾客。

早不生病，晚不生病，偏偏在这个节骨眼上生了病。这让秦昭襄王心中，逐渐地生出了疑虑。黄歇也不说什么，在秦昭襄王派遣人来查探之时，便让和熊完身材体型相似的属下，扮作熊完的模样。如此，才得以蒙混过关。

可是黄歇知道，纸是包不住火的。太子即位时，这件事情便会东窗事发，到时候秦王必定会治自己一个欺君之罪。于是，数日之后，黄歇便向秦昭襄王主动说出了实情，只可惜此时秦国要追，已经来不及了。秦昭襄王自然大怒不已，遂对黄歇动了杀机。

幸好此前黄歇便打点好了一切，料敌于先地向范雎进言，说自己一旦被楚王重用，则必定劝谏楚王继续亲善秦国。范雎一听，觉得还是很有道理。于是，在秦王执意要杀了黄歇之时，范雎便向秦王劝谏，如今杀了黄歇也无济于事，反而会和楚国结下冤仇，于秦国的长远利益不利。为今之计，只有让黄歇回到楚

泰山石刻　秦

李斯峄山碑　秦

国，秦楚之间的关系才能够得到保持和巩固。一旦秦国安定了其他地方，不愁报不了此仇。

秦昭襄王也不过是出于一时气愤，气顺了，道理也就明晰了，最终，秦昭襄王听从了范雎的建议，派遣秦军护送黄歇，安全回到了楚国。

黄歇回到楚国之后，的确没有跟秦国为难，首先是因为此时的楚国已经没有了和秦国一较高下的实力，其次则是春申君要忙着和其他一些国家进行外交活动，以扩大自己的声威，增强楚国的实力。

三个月之后，楚顷襄王便去世，熊完继承王位，就是后来的楚考烈王。同年，黄歇也终于飞黄腾达，实现了自己的人生抱负，被楚考烈王封为楚国令尹，封为春申君，同时还赐了淮北十二县作为春申君黄歇的封地。当时，淮北之地经常有战事发生，主要交战国家就是齐国和楚国，于是春申君向楚王请求交换封地，于是，在楚王的授意下，春申君将淮北十二县封地换到了江东。

长平之战后，秦国趁机攻打赵国邯郸，赵国平原君遂前来向楚国求援，这时候，楚考烈王和春申君都想到了昔日被困咸阳的困顿，只是秦国在此之前就已经放出话来，谁敢救援赵国，秦国在击垮赵军之后，必定首先攻击它，所以二人都有一些犹疑不决。

最终在毛遂的一番唇枪舌剑下，楚考烈王同意出兵，和魏国军队一起，击败了秦军。而且在信陵君的率领下，五国联军还一度打到秦国的函谷关一带，秦军损兵折将达30万人。此次合纵，致使秦国一统天下的计划得以推迟，春申君也功不可没。

公元前256年，在楚考烈王的率领下，春申君向北征讨鲁国，第二年便将之灭掉，在此期间，荀况因为声望很高，春申君遂让他做了兰陵（今山东苍山）令。

援救赵国、灭掉鲁国，不仅让春申君神威大显，也在客观上促进了楚国的复兴。综合看来，春申君对外则主要采取穷兵黩武的政策，对内则与齐国孟尝君、赵国平原君以及魏国信陵君一样，积极招揽有才之士，不管三教九流、莽夫谋士，春申君都积极地和他们交往。礼遇加厚待，自然应者云集，一度门客达到3000人，在数量上甚至还一度跃居战国四公子之首。

可是在质量上，就让人难以评价了。黄歇的那些门客之中，大多数人喜欢好勇斗狠，争强好胜，奢侈浮华。

据传，春申君的好朋友平原君，有一次派遣了门客前来拜访春申君。春申君是个好客之人，对于门客的前来，也感到很高兴，遂将之安排在上等的宾馆入住。

可是这些门客却不识抬举，比什么不好？竟然想着去向楚国夸耀赵国的财富。当然，这本也算是他们爱楚国的表现，他们却将这种夸耀变成了对自己身价的展示。于是，这些门客特意在头上插上玳瑁簪子，亮出装饰着珍珠宝玉的剑鞘，不可一世地前去拜见春申君，岂料一见到春申君的上等门客们，他们竟然都自惭形秽。要知道，这些人竟然都穿着宝珠做的鞋子！这就叫做辱人者恒辱之。从另一个层面上看来，春申君对于门客，可谓用尽心机、散尽家财。

然而，春申君通过这件事情，也渐渐生出了比较之心。当年的信陵君是何等的英雄气概！挥手间便令万众臣服，谈笑间便让秦军流血漂橹。

不仅楚考烈王艳羡不已，就连春申君也是又忌又妒，遂蛊惑周赧王振臂一呼，重组合纵联盟。只可惜最终由于各种原因，不仅合纵失败，连西周国也被秦国灭掉，周赧王也沦为秦国的属民。

眼看秦国坐大，春申君虽然有心灭秦，却无力回天。为国谋者最大的悲哀莫过于此。

借钱打仗

自韩、赵、魏三家分晋之后,历史进入了战国初期,也就是东周晚期。

历史依旧在向前发展,而且到了战国之后,其变化更为剧烈。整个社会都在从宗族制度向家族制度变迁。

不论地主或农民,都需要建立起家长擅权的家族制度来。儒家的孝悌观念,直接体现在家族制度中,其要求子弟服从父兄。《仪礼·丧服篇》也提到:"未嫁从父,既嫁从夫,夫死从子。"表示整个社会的家族观念是妇女服从男子。在这种君君臣臣父父子子的观念构架下,一个宏大的社会文化体系被构建出来,巩固了新兴地主阶级政权,同时也使得这种观念得以强化。

和西周相比,东周的统治阶级的地位不断受到各种挑战,王室权力逐渐弱化。周平王东迁之后,七个异姓小宗族从王,他们每年都会定期给周王室供奉,周王则表示给予他们世世代代的爵位。这等于是在身份上给予了他们合法的继承权利。西周有周、召、毕、毛等大宗族,到了东周时期,这些大宗族不断没落,伴随而来的则是周王室的衰微。天子丧失了威权，而王国内新册封的宗族在实力上又远远赶不上西周的强势，所以最终招致了宗族制度的削弱。

《论语·季氏篇》一文中，就提到："礼乐征伐自天子出。"可见西周时期，周王室大王的地位是如何尊崇，诸侯从不敢僭越。而转眼到了东周早期，齐、晋两国先后霸诸夏，楚霸诸蛮，秦霸西戎，诸侯在自己的领地内，成为高于一切的权威所在。其他诸侯虽然没有称霸，但是对于天子的号令也不再甘心听从，只是敷衍了事。这在很大程度上反映了从东周早期开始，周王室的权力便逐渐被分散了，而诸侯的权力则逐渐凌驾于旧式贵族的权力之上。

到了东周后半期，战国七雄都开始信奉"政逮于大夫"，政"自大夫出"。依靠士的力量，地主阶级得以强大和巩固自身的权势，这些士人多数是新兴贵族或者旧式贵族家中的食客家臣，只忠心于自己的主人而不是国君。《左传·昭公二十五年》记载，所谓"家臣也，不敢知国"，就是说的这个道理。

如果说西周原本的贵族是第一宗族，东周诸侯为第二宗族，那么战国中后期不断发展壮大的士大夫阶级就是第三宗族。第一宗族被第二宗族取代，代表了周王室的衰微，诸侯并起；第三宗族取代第二宗族，则是代表了封建国家的确立。也正是到了这个时候，周王室的存在已经成了一个象征意义的符号。

《史记》记载说，此时整个东西二周至周赧王时，只剩下三四十座城池，不足三万户人口。而且东西二周还分而治之，东周公管理一半，西周公管理一半，周赧王只是名义上的天子。

昔日秦国为了让天下人都攻伐齐国，骗齐王和秦王各自称为东西二帝，但是最后却迫于各国的压力，他们不得已取消了帝号。足见此时的周赧王虽然没有了任何势力，但其影响力还存在。

长平大战之后，东方六国已经没有了和秦国抗衡的实力，秦国一统天下的日子指日可待。

正好在这一时期，邹衍的五德终始说开始兴盛起来。邹衍是齐国人，生卒年不详，据推断大约生于公元前324年，死于公元前250年左右。他活动的时代后于孟子，与公孙龙、鲁仲连是同时代人。邹衍认为："五德从所不胜，虞土、夏木、殷金、周火。"又说，"代火者必将水"，"数备将徙于土"，只要秦国自认为水命，并广为宣扬，就正好可以将其代周氏的合法性提升。

邹衍为了详述这种关系，认为虞（舜）朝、夏朝、商朝、周朝的历史是一个胜负转化、前后相继的历史发展过程。它严格按照土、木、金、火、水依次相生相克，而且每一个王朝都具备阶段性，又按照始于土、终于水、徙于土的关系，让王朝之间循环往复，因而具备周期性，"阴阳消息"的矛盾运动推动着"五德转移"，又对"并世（当世）盛衰"起着决定作用。阴阳两种势力相互冲突和斗争存在于在木胜土、金胜木、火胜金、水胜火的每一发展阶段。两者交争，"胜者用事"，胜利者最终成为书写历史的人。在一种周期律中，把一切兴衰荣辱都预先决定了，凡帝王者之将兴也，天必先见祥乎下民，只要一个王朝要衰落或者是兴起，天都会降下一定的指示。

齐国和燕国称帝，都借用了邹衍的理论，但是真地将之变为现实的，则是秦国。当时秦昭襄王为了灭亡周王室，就言辞凿凿地说及秦国是水命，一定会取代火命的周朝。当然，到了秦始皇之后，为了秦能够千世万世，便对这种理论做出了一定的变动。

关于周王室的灭亡，还需要从信陵君率领合纵大军打破秦军开始说起。

此次合纵，让楚考烈王见识到了信陵君的军事才能，对魏国有此良才，艳羡不已。而春申君则为此感到不服气，凭什么自己就比不过信陵君呢？春申君认为，他缺乏的就是一个证明自己的机会。

眼下正好有这么一个机会，秦国和赵国遭逢大战，秦国一败涂地，赵国自然不足虑，长平一战至今，能够打败秦国不过是多亏了其他诸侯的帮助，赵国已经元气大伤，无法再掀起什么大风大浪起来。而秦国则不然，虽然刚被赶到函谷关以西，但是其实力并没有大的亏损，仍然是天下实力最为强劲的国家。

只可惜，春申君没有看到这点，他认为秦国和赵国一样，经历大败之后，就会一蹶不振，还认为自己终于可以做一回渔翁。于是，春申君决定豪赌一把，联合六国再来一次合纵攻秦，眼下刚刚经历了大胜，各国肯定摩拳擦掌，跃跃欲试。楚国只要振臂一呼，天下英雄必定云集而响应。春申君将这个想法告知了楚王，楚王并无异议，只是眼下列国都不能自保，单单依靠楚国的旗帜，怕别国不会甘心派出军队。

春申君想了想，认为这件事情很好解决，楚国大可以让周王室号召各国，加上打击秦国的巨大好处，列国诸侯一定会望风归附。楚王应允了。

春申君遂派遣了说客前去找周赧王,认为他是天下共同的主人,诛除叛逆是他分内的事情,只要他说一句话,列国都会俯首听命的。

周赧王怎么也没有料到,本以为自己已经被世界所遗忘了,今日竟然有人如此尊崇、尊敬他,一时之间,恍如隔世的那种威凛天下的气势,又重新回归到了周赧王的身上。

当然,周赧王如此,也是有自己的考虑的,他深知自己在诸侯心中的地位——用得着的时候,尊称一声"大王";用不着时,自己去求他们,也不会有人会理睬自己。他知道,此时此刻,自己重新对诸侯有用了。更为重要的是,他在这一刻也有事求助于诸侯。

原来,就在不久之前,前方传来战报:秦军大军集结,兵锋所向直指韩国的阳城(今河南登封东南)。当然,假途灭虢之事,秦国也是很乐意做的,他们就是要借机灭掉周王室,控制天下巅峰权力的象征物——九鼎。

东周灭亡

为求自保，周赧王毫不犹豫地就答应了春申君的提议，为了增强自己的权威，增大这个合纵的成功度，周赧王还决定，在号令天下共同讨伐秦国的同时，再招募一支周王室自己的军队。周赧王一提出这件事情，西周公便表示全力支持。在西周公的配合下，整个周王室硬是捉襟见肘的凑齐了五六千兵马。

所谓三军未动粮草先行，兵马是有了，可是粮草还没有。周赧王和西周公便商议，干脆向民间征集，只可惜周王室之地虽然算不得贫瘠，但却因为连年战乱，诸侯不朝，供养周王室都显得不足，指望他们供养军队实在比登天还难。

当然，那些贵族除外。二王遂向他们立下字据、晓以重利，承诺一旦将秦军打败，就将其中的战利品给予他们。这些贵族们，平时虽然养尊处优，但是却没有人忘记秦国历年来给予他们的耻辱。眼下秦国日渐强大，越来越不将他们放在眼里。如今有此机会教训一下秦国，他们自然乐于去做，而且他们认为依照六国的实力，打败秦军也不是什么难事，战利品自然会获得。如此一石二鸟之事，何乐而不为呢？

俗话说，有钱能使鬼推磨，6000人马就在这批钱的支持下，高速运转下来。刹那间，周赧王仿佛觉得，自己终于再现了300多年前，东周先祖的辉煌：一人号令，天下莫敢不从。于是，周赧王上位的第一件事情，就是发布了两条号令，一条与六国相约在伊阙会师，六国军队携手并进，共击秦军；另一条自然是封侯拜将，侯倒是不必封了，天下诸侯横行就让周赧王这一生苦不堪言。既然是打仗，拜将才是最重要的。这次，天子军队的将领就是西周公。

周赧王心想，这一次六国军队莫不说倾巢出动，即使来了一半，在自己的带领下，也必定能够将秦军打得溃不成军，让他们知道，周王室的大王也不是任由别人揉捏的。

可是他不知道，当今的天下已经是乾坤大变，恰逢魏国、赵国和秦国大战罢歇，秦国虽然战败，但是其底气雄厚，元气没有多大损伤，而魏国和赵国则不同，本来就已经是江河日下，这下更是雪上加霜，周赧王号令之下，他们也是有心无力，自然不会出兵。东方六国中，实力还算强盛而且没有什么损伤的齐国，却正忙着和秦国称兄道弟，如此关键时刻，为了自己的利益自然不会和秦国兵戎相见。韩国则正忙于守备阳城，防止秦军的入侵，自顾不暇之下，对六国联盟也只能在一旁呐喊助威。最终真正派遣军队前来的，就只剩下楚国和燕国，不过这两个国家一直准备着坐山观虎斗，此次前来，自然不会用尽全力，所以最终与周赧王的6000人马合兵一处，也才5万人马不到。

当前的形势很明显，如果周赧王和白起一般用兵如神，则这

5万兵马未尝不能和秦军一战，可惜他不是白起。但是如果周赧王就这么撤军，不仅自己面子尽失，恢复周王室兴盛的理想也就没有办法实现，以后再想找到这样的机会，可就难上加难了。

于是，周赧王和春申君决定，干脆就在伊阙等，只可惜，从希望到失望，最后到绝望，他们发现，六国的军队的确不会来了，就连春申君，也想溜之大吉了。周赧王终于明白，当所有人都是看客的时候，自己最好不要一个人冲上舞台，否则最后剩下的，就只有他一个人。

虽然六国把此次攻伐秦国的事情当作一个儿戏，但秦国却是被吓出了一股冷汗，秦国固然不惧合纵联军，却不想徒惹麻烦，做对自己没有半点好处的事情。为了速战速决，秦军可是做足了准备。兵法上说，不战而屈人之兵，才是上策。所以秦国在明白自己是虚惊一场之后，便火速调集函谷关戍边的10万秦军，整日操练兵阵，剑气纵横，杀声震天。不久，春申君便被吓跑了，后来，燕国的残余军队也溜之大吉，看这种局势，没有人会去虎口拔牙，最后，连周赧王召集的6000军马，也作鸟兽散。

此次合纵，损伤最大的就是周王室了。要知道在此之前，周赧王可是给了国人承诺。如今大业未成，军马先散，周赧王怎么去面对国人？无独有偶，另一边，春申君也感到自己颜面大失，领着千军万马前来，竟然连呐喊助威都没有，直接被秦军吓跑了。

春申君还好，回到楚国顶多被楚王奚落几句，或者被国人嘲笑几句，风声一过，自己照样做楚国公子。但是另一边的周赧王，日子可没有春申君好过了。

就在周赧王回去周地的当天，那些曾经对周赧王寄予厚望的贵族们，都找上了门。他们各自带着家臣，拿着周赧王给予他们的契约，来到周赧王的宫门之前，如果可以用强的话，相信他们已经将周赧王大卸八块了。即使如此，也叫周赧王够受了，这么多年，周赧王即使被诸侯瞧不起，也不至于如此狼狈。

无奈之下，周赧王只能躲到宫内不出来，可是大家见周赧王已经没有什么权威了，顿时群情激奋起来，一个个砸桌子提板凳，快要把王宫拆了。周赧王于是觉得，这王宫也待不下去了，心中灵光一现，顿时想到了后宫之中有一座高台，可以龟缩在上面。周赧王如同溺水的人抓住了一根救命的稻草，当他最终到达高台之时，心中不禁感慨，落难的凤凰不如鸡，落难的金龙不如狗。这就是典故债台高筑的来源。

然而，更让周赧王心忧的是，秦军已经攻克了韩国的阳城，转瞬之间大军就要兵临城下，前来攻打西周王了。无奈之下，西周公向周赧王献策，与其让秦国攻打，最终城破人亡。不如主动献降，秦国没有了白起坐镇，料来不会擅自杀降。更何况自己好歹也是王室后裔，秦国说不定还会好吃好住地招待着，这样也省得别人整天都惦记着自己的那一亩三分地。

周赧王一听，这个提议虽然有损王室颜面，但是事已至此，也只能权宜处理了。于是，周赧王偕同36城池的3万户居民，一道西去，来到咸阳宫，见到秦王，曾经不可一世的周赧王也只能黯然跪下，叩首谢罪，请求秦王接收周王室的土地，并将一张地图交付给了秦王。秦昭襄王也感到很兴奋，曾几何时，秦国还需要对周王年年朝贡，岁岁叩首。如今周王室的王都匍匐在自己的脚下，虽然秦国还没有一统天下，但是能够看到这一幕，也算是此生不枉了。

这时的秦昭襄王表现得很慷慨，他将周王室的土地接收以后，顺便还将梁城（今陕西韩城南部）封给了周赧王，周赧王从此号称周公。另一种说法称：秦王派出一支军队到洛阳，把周赧王姬延捉住后将其废为平民。这个立国879年的周王朝就这样灭亡了。不久，周赧王便无声无息地离开了人世间。周王朝800年天下，终于连象征物都土崩瓦解，秦国即将在不久之后，取代周王朝。

周赧王死了，留下的不过是一声叹息。在秦国的眼中，他是真龙落浅滩也好，是真虫冒充龙也罢，都不再重要了。即使是周王室的那36座城池，在秦王眼中，也不过是弹丸之地，唾手可得。秦王真正在乎的，是天子权力的象征——九鼎。

九鼎，据传是大禹在建立夏朝以后，用天下九牧所贡之金铸成九鼎，象征九州，世代相传之后，九鼎成了国家权力或者天子权力的传国之宝，和后世的天子玉玺有异曲同工之妙。《史记·封禅书》记载："禹收九牧之金，铸九鼎。皆尝亨鬺上帝鬼神。遭圣则兴，鼎迁于夏商。周德衰，宋之社亡，鼎乃沦没，伏而不见。"就说明了九鼎的由来、变迁和最后的消失。

到了商代，用鼎的多少成了一种显示身份贵贱的制度，通常，士用一鼎或三鼎，大夫用五鼎，王室天子用九鼎，祭祀天地祖先时，也需要九鼎大礼。九鼎是象征国家最高权力的传国宝器。按《尚书·禹贡》的记载，九州分别是：冀州、兖州、青州、徐州、豫州、雍州、扬州、梁州、荆州等。而在《周礼·职方》中则记载，九州中的梁州和徐州被幽州和并州取代。《尔雅·释地》中则称，青州和梁州不在九州之列，应该是幽州和营州。

秦在灭周后的第二年就把周王室的九鼎西迁到咸阳，但等到秦始皇灭六国，统一天下时，九鼎却已不知去向。有人说九鼎中的一鼎在泗水彭城沉没，其余 8 个到了秦国。所以秦始皇在出巡泗水彭城的时候，曾派数千人马潜水打捞，但并无所获。

剩余的鼎被秦王陈列在秦国的太庙之中，并且就此昭告天下，让各方诸侯前来朝贺，不来者就视同和秦国作对。到秦始皇之时，秦国真正实现了雄霸天下的雄心壮志，一个崭新的时代、一个迸发激情和热血的时代，在前后相继的轰隆之声和金戈铁马的嘶鸣声中，徐徐到来。

联合攻秦

战国初期的楚国,农业相对于中原地区十分落后,加上南方部落众多,需要分散许多兵力去镇压和防备,因此在中原诸侯看来,楚国其实不堪虑。可是后来楚国的发展,实在是令人侧目。自西周以来,楚国陆续兼并了许多小的诸侯和部族,不断地开疆拓土。

例如公元前334年,乘着吴越争霸的时机,楚威王以迅雷不及掩耳之势,夺取了越国在今浙江以西的土地,使得楚国的影响力和实力大增,楚威王不愧是楚国春秋争霸以来,最具备雄心壮志的一位君主。到楚顷襄王之时,遣将军庄**蹻**率领楚国军队进入了云南,从滇池(今云南昆明)开始向四周扩散征伐,数年之间便扩地数千里。只可惜,后来秦国强大的军队从蜀中出发,夺取了楚国的黔中郡,庄**蹻**归路阻绝,于是,庄**蹻**遂在滇建立了国家,并自称滇王。

在楚威王之后,楚国国土面积雄踞诸侯之首,东至海滨,直面东海、黄海;西有治所设在今天湖南沅陵县的黔中郡和治所设在重庆巫山的巫郡,与古代的巴国及秦国为邻;南据苍梧(今湖南南部九嶷山),与百越为邻;北方直至中原地区,与魏国、宋国、韩国、齐国等国家为邻。

综合看来,楚国是一个多民族的诸侯国家,在广大的国土境域之内,主要有苗族、土家族、原始的华夏族、壮族和许多其他少数民族,在统一的国家之内,各色文化得以交流和交互影响,最终产生了别具一格的以巫文化和华夏文化的融合为基本的楚文化,在共同的文化因素下,统一的国家前景出现了,可见此时此刻的楚国已经具备了统一的文化基础。在800余年的时间内(西周时期开始,战国末年结束),不断对外扩张经营、对内革故推新,为秦国建立秦朝,乃至于后来楚人灭秦,汉朝建立,大一统的封建帝国的建立,都少不了楚国的经营所遗留的影响。秦国在武力上,楚国在文化上,都为统一的华夏奠定了坚实的基础。

只可惜,后来白起兵威大盛,在商鞅变法余荫下的秦军,一路所向披靡,最终攻克了楚国的国都郢,楚王无奈,只能迁都鄀(今湖北宜城),不久之后又迁都陈,最终在公元前241年,定都于寿春(今安徽寿州)。此时的楚国实力已经大减,但是其影响力仍在,其文化的渗透力不减反增,甚至此时楚国的土地面积,也仍可以和秦国一较高低。尤其是在春申君诛灭鲁国,援助赵国打击秦国后,楚国的国土面积再次成为战国最大,秦国和赵国则次之,齐国、魏国、燕国又要少一些,而韩国本来面积就不大,加之秦国不断地侵占啃食,沦为国土面积最小的国家。

秦朝和汉朝能够建立和巩固一个统一的封建帝国,还有一个至关重要的因素:当时的人口总数达到了2500万,庞大的人口数量和巨大的流动性，使得各国在互相交流的同时，也足以用统一的思想掌控广大的土地。从《史记》中各国兵力的配置，可以大致看出各国人口的数量。

在公元前280年左右，秦国的强大还没有真正全面地体现出来，楚国、魏国和齐国依旧是最强大的国家。当时魏国的兵力总数达到了70万，五人出一兵，则其人口起码有400万。齐国全国有70多座城池，在公元前279年的即墨之战中，田单在即墨一城中就得到了壮士5000多人，足见整个即墨城池差不多有五万人口，而整个齐国的人口总数，也当达到350万以上。西方的秦国和北边的赵国，在长平一战中秦国兵力就动用了六七十万，而赵国也损兵折将45万，可见两国的人口数量起码超过了800万。其他国家如韩国，兵力数量为30万，人口自然可以达到150万以上；而后来的燕国和赵国的战争中，燕国丞相率领了60万大军进攻，足见其人口也达到了300万左右。楚国的强势也体现在人口上，在白起诛灭楚国大军之前，楚国的兵力总数，无论战力如何，也达到了恐怖的100万，人口自然也高达500万。

然而，楚国终没有完成如秦国一般的社会体制改革，虽然期间也有过萌芽，甚至楚威王以来，楚国君王也学着四处招揽人才，帮助楚国强盛。但那些措施都只是短时期内取得了一定的成效，楚国迫切需要一个可以维持其不断进步和强盛的体制。可惜机遇就这样擦肩而过，商鞅把机会带给了秦国。

楚怀王之后，楚国更是江河日下，到了春申君之时，已经是日薄西山。

公元前249年，秦国乘着灭掉西周国的余威，派遣大军直抵东周国，灭掉了周王室的最后一个象征物，整个秦国真正实现了称霸天下的宏愿。昔日楚王问鼎，便引起了天下人的非议，今日秦国已经明目张胆地将九鼎握在自己的手中。昔日秦国和齐国并称东西二帝，只是个虚名尚且战战兢兢，瞻前顾后，今朝的秦国早已经具备了霸道天下的实力，不久的将来，秦王登基天子大位也不在话下。

过去的楚国是何等的风光强大，此番春申君连连地打击秦国，灭掉鲁国之后，更是使得楚国实力大增。眼看着秦国做大，楚国自然不会坐以待毙。于是，再一次合纵产生了。这一次合纵，发生在公元前242年，参与的国家主要包括楚国、赵国、魏国、韩国和燕国，楚考烈王当之无愧地做了六国盟约的首脑。值得一提的是，一向和秦国亲厚的齐国，似乎还没有意识到危机的加深，依然选择不参与合纵联盟。春申君则被六国推举，做了五国联军的前敌总指挥。

这一次似乎很顺利，五国联军借道魏国和韩国，很快就兵临函谷关。只可惜，此时的五国联军虽然声势浩荡，但是在其壮阔的外表下已经失去了为一个目标奋斗的向心力。尽管春申君一片雄心，却没有能够凝聚各国军队的力量。而且列国每一次到达函谷关外，都很难攻克进去，否则秦国早就灭亡了数次了。一来各个国家都想着别人出力，自己占便宜，所以最终让秦军占了便宜。加上函谷关是一个一夫当关万夫莫开的关口，易守难攻之下，各国都很难攻下。秦军也明白，一旦诸侯联军攻克了函谷关，此去便是一马平川，敌军便会长驱直入、直接攻打到咸阳城门下。所以秦军无论付出多么惨重的代价，也必定会死守此地。

多年以来，诸侯很少能攻克函谷关。当初秦孝公从魏国手中夺取了河西之地，何尝不是对于函谷关的重视。

出乎秦军意料的是，相比上一次信陵君所率领的合纵大军，春申君所部简直是不堪一击。秦军刚刚打开关口，略微试探，各个诸侯的军队便作鸟兽散。所谓兵败如山倒，春申君怀疑，这山倒得也太快了。

吕不韦对这次合众抗秦的事情，做了比较精粹的概括：联合起的是一股乌合之众。这岂是气势如虹，战力强劲的秦国大军的对手？

此次合纵便如同一场闹剧般，不了了之。可是楚考烈王并不打算就这样放过别人，这个别人不是秦国，因为他有心无力。楚王想要责难的是，楚国的顶梁柱春申君。

楚王认为，这一次合纵之所以战败，就是因为春申君指挥不当。他哪里知道，即使是天纵奇才，军事天才，在面对秦国大军的精兵强将之时，也要三思而后行。更何况还有各国君主的怀疑，同行的猜忌，要战胜秦军实在是难比登天。

百足之虫死而不僵，春申君在这一次合纵中，虽然没能够大展神威，但是其在国内的影响力仍然不可小觑。楚王也不能擅自治他的罪，只是怪罪他的无能，就此冷落了春申君。

买一送一的王后

自禹传子启家天下以来,中国古代历代王朝王位的继承,都需要从上一代君王的子嗣中寻找,一般是嫡长子继承制度,偶尔也有所打破。而实现这一切的基础,就是需要君王有大量的嫔妃,继而有许多的子嗣。民间有"不孝有三无后为大"的说法,君王之家更是严重。任凭君主在位之时如何的雄才大略,盖世英雄,不管其土地有多么的广袤,江山有多么的巩固,军事有多么的强大,社会有多么的发展,政治有多么的稳固,如果没有子嗣可以继承自己的帝位,或者子孙无能,最终还是会江山易主,白白地为他人作嫁衣。

此时的楚考烈王也担心自己将来没有子嗣,但是他并没有考虑到是自己的原因,遂四处找寻美女来充实后宫,可是多年过去了,后宫百花虽然屡次盛开,却从来没有结下半点果实。

连春申君也着急了,可是他也想不到什么好方法,只能去民间招募那些长相看得过去,并且适宜生儿育女的妇女来服侍楚考烈王,这一举动,使得楚考烈王的后宫更加热闹了。然而出乎春申君意料的是，她们的到来，依然没有给熊氏江山带来惊喜，两年过去了，那些最适宜生长的土地，却依然没有半点反应。

春申君又为楚王找了大量的大夫，希望能够出现奇迹，同时还为楚王继续招募美女，甚至还将其触角伸到了其他诸侯国。

赵国人李园，听说楚王在招募妃子，认为这是一个飞黄腾达的机会，便马不停蹄地将自己的妹妹送到了楚国。不过这李园并不是一个鲁莽之人，他经过自己打听，知道楚王之所以广招嫔妃，原来是因为他不能够生儿育女。如果就这样贸然将自己的妹妹送进楚王王宫，肚子有反应则万事大吉，如果没有，自己的妹妹一去，则无异于是石沉大海。

这不仅是为自己的妹妹铺路，也是在为自己的前途添砖。李园对自己的妹妹很自信，身量苗条、体格风骚、一双丹凤三角眼、两弯柳叶吊梢眉，十足一个绝世美人。

于是，李园找到了春申君，想要寻一个机会，将自己的妹子介绍给春申君，恰好春申君以礼贤下士闻名天下，李园便趁机做了春申君的随从。

当然，他不能直接将自己的妹妹引到春申君面前，那样就会让春申君感到他别有用心。春申君不知道，他的身边潜伏着怎样一个富有心计的人，此人的危险，比之秦王尚且有过之而无不及。

为了让春申君主动上钩，李园便在某个时间，向春申君请假，回去自己的家中，返回之时，更是迁延不进，后来回到春申君面前，已经晚了数个时辰的时间。如果是迟到一时半刻，春申君还能够勉强原谅，可是他竟然回来得这么晚，春申君就要问一下原因了。

李园回答说，是因为齐王竟然要派遣使臣来求娶自己的妹妹，李园自然要好好地招待一番，免得将来自己的妹妹吃亏。哪知道和那个使臣一喝酒，便忘记了时间，如此，才延误了时间。

春申君一听，原来是这样，也算情有可原。甚至春申君还来了兴趣，问询李园，齐国使臣给他带来了什么礼物没有。其实，在春申君看来，既然齐国都能够派遣使者前来求婚，这李园的妹妹定然也非凡品。

李园干净利索地说，齐国没有带来任何礼物。春申君便很奇怪了，这使臣打的什么算盘？莫不是对李园的妹妹还不是很肯定？于是，春申君问李园，可否将其妹妹带过来，自己见上一面。李园假意犹豫了一番，最终表示，春申君对他有知遇之恩，自己的妹妹能够见到春申君是她的福分。

果然不出李园所料，春申君一见李园的妹妹，便惊为天人。此女只应天上有，人间哪得几回见？见春申君上了钩，李园毫不犹豫地将自己的妹妹做饵，投给了春申君。他知道，只要春申君能够为自己所用，不愁自己不飞黄腾达。

春申君不比楚考烈王，才数月不见，李园便听闻自己的妹妹怀上了春申君的孩子。李园的妹妹也有她的过人之处，不仅不计较自己嫁给何人，更是在被人迎娶之后，使出百般解数，很快便得到了春申君的专宠。

这次自己怀上身孕，她第一时间并不是告诉了春申君，而是自己的哥哥李园。

李园遂和她商议，让她找机会给春申君吹吹枕边之风。李园的妹妹也很机灵，在告知了春申君自己怀有身孕之后，便向春申君进言，说及当前的楚王的确很尊重春申君，春申君也得到了信任和重用，此时此刻，春申君在楚国可谓一人之下万人之上，呼风唤雨、无所不能，楚王有那么多的兄弟，哪一个不是羡慕或者嫉妒不已？

可是20多年的丞相地位，并不能代表春申君能够长盛不衰，当今楚王已经年过不惑，却没有半个子女，楚王不知什么时候就会寿终正寝，到时候即位的必定是他的兄弟。到时候新任的楚王必定会让自己的亲信掌控大权，春申君势必会受到冷落。加上春申君在位之时，对楚王兄弟的诸般得罪，将来他们一旦掌握了大权，就必定会报仇雪恨，如此一来，春申君就会大祸临头，不仅宰相的大印保不住，江东十二城的封地保不住，还很可能会有性命之忧。

春申君一想，夫人果然是全心全意为自己思考，她说的情景，将来也必定会出现，可是如何规避这种风险？春申君纵有天纵奇才，也难以想出办法。

见春申君面现愁容，心怀忧虑，李园的妹妹继续向春申君出谋划策。她认为，为今之计，只有以假乱真，浑水摸鱼才是上策。

春申君很奇怪，问夫人有什么高见。

李园的妹妹分析到，眼下自己虽然已经怀孕，但却无人知道，而且表现得也很不明显。恰好自己刚刚来到春申君府上，别说外面人不知道，就是春申君府上的人，认识自己的也不多。只要这时候将自己献给了楚王，自己有自信能够得到楚王的宠信，加上春申君的尊贵地位，要得到楚王的宠爱，就易如反掌了。

到时候，春申君的儿子也就成了楚王的太子，楚王一死，则春申君的儿子便顺势成为了楚王，整个楚国都成了春申君的囊中之物，比起遭受如同秦国商鞅那样的祸患而言，哪一个好，哪一个不好，自然清楚明了。

话说到这里，春申君顿时来了精神，其实在李园的妹妹说出这番计较之前，春申君便已经开始谋划具体的实行措施，这种事情宜早不宜迟，否则到时候漏了馅，春申君就吃不了兜着走了。

不日，春申君便来到楚王面前，向楚王进言，说自己在赵国之时，物色了一个绝色美人，身材丰腴，遂带了回来，准备进献给楚王。楚王心想，比起那些主要负责生育的妇女而言，能被春申君称为绝色的，定然是个尤物。更何况她身材丰腴，也自然很容易生育，遂让春申君把他带进宫来。

原来，在李园之妹向春申君献出这一条计策之后，李园便把她安置到了一个秘密的住所，以此来消除别人的怀疑。

李园之妹很容易便见到了楚王，和春申君一样，楚王见了她，也是目瞪口呆，差点失了大王的威仪。加上春申君的举荐，楚王更是毫无怀疑便将她纳入后宫，不久之后，太医便查出，李园之妹竟然怀上了王种。楚王更加兴奋，心想真是天佑楚国，终于守得云开见月明了。楚王遂将李园之妹封为王后，更让人惊喜的是，李园之妹十月怀胎诞下的，竟然是个王子，楚王当即把他立为太子。

而另一边，李园也是一人得道鸡犬升天，受到了楚王的重用，参与国家机密大事。

春申君之死

李园的目的终于达到了,从一开始注意春申君,继而吸引住春申君的目光,最后让自己的妹妹得到春申君的宠信,李园以其狡诈的心机和完美的谋划,出色地完成了第一步。如果春申君能站在今人的视角上看问题,就会意识到李园有多么可怕。然而,更加可怕的是,李园和其妹妹更是沆瀣一气,不惜让春申君将自己的夫人送进王宫,也要谋求飞黄腾达的机会。

直到李园能够在朝堂之上和春申君分庭抗礼,直到楚考烈王渐渐冷落自己,春申君才真正地意识到危机的来临。可是他也仅仅是认为,这是政见不合或者是各谋前程,与人无尤。

春申君哪里知道,李园已将他视为眼中钉肉中刺,将来自己妹妹的儿子做了楚王,最为尊贵的人,永远只有一个。如果让楚王知道了春申君是他的父亲,那自己的地位还怎么能够得到保障呢?索性一不做二不休,李园散了大量的家财,豢养了许多名刺客,这一切除了李园自己知道外,连其妹妹也没有告诉。他的目的很明显,就是找准机会,派遣刺客前去暗杀春申君,到时候自己就可以在楚王死后独掌大权，在楚国一手遮天。

天下没有不透风的墙，李园自以为做得天衣无缝，岂料还是百密一疏。无意中，这件事情被一些有心人知晓了，并告知了春申君，只可惜春申君一直没有重视起来。

不久，楚考烈王病重，眼看就要一命呜呼，大权也即将交接，大凡王朝更迭，君权易主之时，便是政治局面最为黑暗的时候。春申君门下食客中也不乏有识之士，其中有一个叫作朱英的人，对眼前的局势看得比较清楚，同时为春申君感到担忧，遂向春申君进言道："世上有不期而至、难以预料的福，反之，也有难以预料而不期而至的祸。恰如今日，您处在生死无常的世上，侍奉喜怒无常的君主，招惹了是非难辨的仇敌，那些不期而至的人，也必然不会少的。"

春申君疑惑地问道："先生还请说明白，什么叫不期而至、难以预料的福呢？"

朱英回答道："您担任楚国的丞相，已经 25 年有余，虽然在名义上，您只是一个宰相，但在实际上，国家的军政大权都掌握在您的手中，和楚王其实没有什么两样。楚王病重是众所周知的事情，早晚有一天会驾鹤西去，到时候，年幼的国君便需要由您来辅佐，就好像伊尹、周公一样，国家大小事务都掌控到了您的掌上，等君王长大之后，您也就功成身退。这就像是，您在楚国的南面称王称霸，雄踞楚国的大权，不期而至，难以预料的福就这样来到您的面前。"

春申君心想，这的确是自己以前没有想到，也难以预料的福气，可是什么叫作不期而至、难以预料的祸患呢？春申君在一时之间，还不能理解，遂向朱英请教。

朱英转身面朝南方，叹息了一声，向春申君解释道："如果国家大权都让您掌控了，那么李园又会被置于何地呢？到时候他不能够执掌国政，就定然会成为您的死敌。的确，整个楚国的军事大权都掌握在您的手中，可是远水救不了近火，您不可能将数十万大军随时带着身边。而反观李园，虽然没有军事权力，但是他却私密地豢养刺客，这件事情已经是不公开的秘密了。等到楚王去世，李园第一步要做的，就是入宫夺权，届时您也必定成为首要诛除的敌人。如此一来，不期而至，难以预料的祸便从天而降了。"

春申君听了朱英的这番话，虽然有所触动，但却并不怎么相信。出于对朱英的尊重，春申君接着问道："先生再说说，什么又叫不期而至的人呢？"

朱英自以为春申君已经被自己说动，遂向春申君建议道："先下手为强，后下手遭殃，既然李园不仁，就不要怪您不义了。我知道您大仁大义，定然不愿意做那下三滥的事情。多年以来，您对我们这些宾客礼遇有加，待遇优惠，所谓养兵千日用兵一时。我愿意为您除掉李园，只要您安排我做郎中，等到楚王一去世，李园闻讯，必定抢先入宫，我会随机应变，找机会替您杀掉李园。这就是我前面提到的不期而至的人。"

春申君听了后，立马感到这朱英太激动了，忙向朱英劝诫道："先生怎么能产生这种偏激的思想呢？我劝先生要放弃这种打算。李园生性软弱，从过去和现在，我和李园的关系都不错，无论如何，也不可能到那个地步的。"

朱英还准备再谏言，但见春申君面色露出不善，知道无论自己怎么说辞，春申君也不会相信自己所说。今日自己的这番话，他日一定会不胫而走，到时候春申君自身难保，自己也必定会受到李园的嫉恨，到时候李园大权在握，自己就一定会遭受池鱼之殃。就在此后数日之后，朱英离开了春申君。

恰如朱英所料，17天之后，楚考烈王便离开了人世，春申君的灾难也随之来临。春申君得到消息之后，连夜进入王宫。其实到了这个时候，春申君也还有机会的，在半路上，他还在思考朱英的话，不过宫中大事待定，自己万万不可以耽搁，而且出于对李园性格软弱的考虑，春申君很快便否决了朱英的判断，最后一次和生机擦肩而过。到了棘门，才发现沿路都是刺客。不用说，一定是李园早就来到了宫中，布置了杀手。春申君的头被刺客瞬间斩落，丢到了棘门外面，落得个身首异处的下场。

春申君之死，让人唏嘘长叹的同时，也不禁发人深省：越是到了关键时刻，越是要分清敌我，认清形势，如此，个人才能够免遭祸患，国家才能够长治久安。

春申君一死，李园之妹的儿子顺势即位，是为楚幽王。

但事实上，《史记·春申君列传》记载有误，楚考烈王并非无子，在幽王之后的哀王和楚国末王负刍，都是考烈王之子，这在许多历史记载和考证中也得到证实。结果，李园献妹的故事仅是故事，还影响到秦王政的身世之谜，虽可谓流传深远，但终究与历史不符。

第五章

合纵失败，六国灭秦梦碎

秦国，李斯的选择

李斯原本是楚国上蔡（今河南上蔡西南）人，年轻时候做过楚国的一员小吏，专门负责掌管文书，每日过着重复且无聊的日子。在这样的大争之世，做一个籍籍无名的人，并不是李斯所想要的。

而眼下楚国早已经是日薄西山，李斯即使有万般才华，也不知道该如何施展。这么多年，李斯都觉得自己时光虚度，胸中无韬略，袖里无乾坤，这样的人到了任何一个国家，都会是碌碌无为。只有首先丰富自己，加大自己的筹码，才能够在其他国家中施展抱负。

为了实现厚积的志向，李斯来到了荀卿这里，向他学习"帝王之术"。

荀卿原本是赵国人，他来到齐国的稷下学宫。从如云的高手之中最终脱颖而出，成为名重一时的人物，可谓大器晚成。到了齐襄王时期，学宫不在，稷下冷清，曾经和荀卿一起的那些风云人物们，都已经淹没在历史的风尘之中。只有荀卿依旧如日中天，功名显赫，地位尊崇，桃李满天下。

可是最终荀卿还是受到了奸人的陷害，黯然离开了给予他无限的光荣和尊贵的齐国后，荀卿来到了楚国，在春申君的帮助下，做了兰陵（今山东苍山西南兰陵镇）令。可是荀卿不甘心，不是因为其仕途的暗淡，而是自己的一腔学识竟然没有遇到真正的得意弟子，在其有生之年，如果得遇一名门生，能够继承其衣钵，荀卿便觉得自己死而无憾了。

而正在这时候，李斯满怀希望向荀卿求学而来。不久之后，韩非也意气风发地来到了荀卿的面前，荀卿正愁自己后继无人，遂全心全意地教授他们，加之这二人都是天资聪颖，很快便成了荀卿的得意门生。

这不禁让人心生疑虑，荀卿可是儒学大师，其旗号可是孔孟之道，而孔孟之道推行的是仁政、礼治，如何能够在充满奸诈和征伐的战国之世，成就君王天下事，赢得生前身后名呢？

其实，荀卿和孟子并不是简单的继承和发扬光大的关系，他一改过去孔孟之道空谈政治理想的弊端，从当时的政治局势出发，打破常规，对传统的儒学进行了改造，使之更加适合社会的发展和新兴地主阶级统治集团的需要，并且广泛地吸收了法家的治国主张，主要涉及如何治理国家、平定天下的"帝王之术"。

正好，李斯和韩非满怀着出人头地、飞黄腾达的理想，到此学习治国之道。只是，荀卿还没有将自己的学问全部传授给自己的这两个得意门生，这两个人便想要离开自己去谋取前程了。

韩非倒是很容易确定自己要求投效的国家，那就是韩国，只是荀卿担心，韩国早已经是一蹶不振、江河日下，韩非要想到韩国之后力挽狂澜，实在是难比登天。将来韩国无救，韩非将如何自处？

李斯经过艰难的选择，最终确定了自己前去投效的方向——秦国。因为他深刻地认识到，当今天下虽然尚且存有七个雄霸一时的国家，但是最终能够一统天下的只有秦国。

军事上，长平一战过后，赵国便无力和秦国大军争锋；国力上，齐国虽然强盛，却不复当年稷下学宫兴盛之时的繁荣，君王无能，军事颓废，自乐毅攻伐齐国之后，便只能安居一隅，无力争夺天下。

其他国家更是不值一哂，甚至是自己的师弟韩非所去的韩国，也终免不了败亡的下场，他不知道韩非此去是福是祸，唯一可以确定的是自己和韩非相生相克，定然不能去一个国家。一山不容二虎，到时候二虎相争必有一伤。

昔日荀卿也到过秦国，只可惜秦国并没有接受他的政治主张。他很奇怪李斯为何会选择去秦国。李斯回答道："先生有句名言：青，取之于蓝而青于蓝；冰，水为之而寒于水。先生当年到达秦国，秦王之所以没有接受先生的政治主张，无外乎先生的主张并不适合当时的秦国。如今世易时移，加之学生对先生的学术进行了改进和创新，相信到了秦国，必然能够大展拳脚。师弟韩非曾经说过：纵观天下，四海之内唯独秦国能够成就千古帝王的不拔之基业，虽然七国争雄，其余六国却弱上了不止一筹。今日学生既然学有所成，就必定要抓住机会，与天下间纵横捭阖。"

说到这里，李斯略微感慨，继续言道："昔日学生看到两只老鼠，一只蜗居在茅厕之中，吃着肮脏恶臭的人粪，还时刻胆战心惊,害怕被活着的动物发觉;另一只则居住在安逸的粮仓之中,每日锦衣玉食,无人打扰,过着鼠上鼠的生活。这种对比和落差,让学生想到了自己眼下的处境和那些成就功名大业的人之间的差距,人生最耻辱的事情莫过于卑贱,最大的悲哀莫过于穷困,学生自然不会甘心一直籍籍无名,碌碌无为,因为学生担心,如果一直卑贱和穷困下去,就必定会遭受别人的冷嘲热讽。处在这种大争之世,我辈既然有满腹的才华,就必须要一展所长,继而名利双收,这才是做读书人应该做的事情,因此,学生要去秦国,以实现自己追名逐利的理想,望祈先生成全。"(《史记·李斯列传》)

荀卿闻言,没有说什么,只是在他的眼中,明显地露出很复杂的表情,或者是不舍得,或者是不甘心,或者是在担心,李斯此去不知道是福是祸。

而此刻的李斯,眼里只有功名利禄、辉煌前程,哪里看得到荀卿的良苦用心呢?怀揣着对未来的美好向往,李斯兴奋地踏上了去秦国的征程。

城门失火，殃及池鱼

李斯踌躇满志地来到咸阳，本以为自己会有一番奇遇，和当初的范雎、蔡泽等人一样，只要能够见到秦王，就能够一飞冲天，一鸣惊人。

只可惜，现实总是比想象要残酷，李斯费尽了心思，却一直没有见到秦王。而且不久之后，秦王便一命呜呼，嬴政即位，年仅13岁，由丞相吕不韦辅政。他既不能像范雎一般，有人为之引荐；也不能如蔡泽一样，依靠三寸不烂之舌将吕不韦说下台，让自己取而代之，因为此时的吕不韦正如日中天，怎么可能急流勇退呢？

于是，李斯只能退而求其次，找到了吕不韦。

当然，吕不韦可不同于信陵君，不管你是什么身份，有没有能力，都直接纳为自己的门客。在李斯登门拜访之后，吕不韦对其进行了一番拷问。具体内容大致是问李斯如何会到他这里来？过去师从何门？学了什么治国之道？将来在秦国将如何作为？李斯对吕不韦的问话很重视，于是将自己胸中的韬略略微陈述了一番。当然，在此之前李斯也考虑到吕不韦会不会妒忌他的才能，可是等到李斯受到吕不韦的器重之后，李斯才发觉自己以小人之心度君子之腹了。

让吕不韦万万没有想到的是，秦王竟然和他舍下的这位门客完美地结合了。当吕不韦意识到这件事情的时候，自己的权利已经在神不知鬼不觉当中，被秦王和李斯转移和消化了。

其实，李斯受到了吕不韦的重用之后，便等于得到了一张觐见秦王的通行证，李斯也由此可以向秦王纵论天下，为其出谋划策。

所以在获取了独立觐见秦王的机会之后，李斯当机立断，向秦王鼓吹自己的政论："机不可失失不再来，古之成大事者，不但需要超世的才华，坚忍不拔的意志，更需要把握时机的独到眼光。昔日的秦穆公是何等的英雄盖世，可是最终还是没有完成一统天下的宏伟蓝图，原因就是时机尚且不成熟，周王室和周王余威尚存，人心未丧。同时天下群雄逐鹿，诸侯并起，天下分裂割据，形成了秦穆公、齐桓公、晋文公、宋襄公以及楚庄王五位霸主，各国东西对峙、南北不容，没有一个国家有实力一统天下。而如今的天下局势，已经发生了巨大的改变，自秦孝公之始，'商君佐之，内立法度，务耕织，修守战之具，于是秦人拱手而取西河之外'，自此，秦国历经了六代君王，人人卧薪尝胆，苦心孤诣，励精图治，终于形成了今日虎踞龙盘，掌控天下的局面，六国无不唯秦国马首是瞻，这就是秦国的机遇。如此千载难逢的机会，秦王万不可以错过，正好可以趁着六国羸弱，周王室灭亡，一举完成统一大业，依照目前秦国的强盛，要问鼎天下还不是和散出灶台上的灰尘一般易如反掌,秦国此时不动,更待何时?"

这次会面虽然时间很短,秦王甚至都没有和李斯促膝长谈的机会。但是通过李斯的言论,秦王仿佛已经看到了不久之后强大的秦国,变成天下唯一的秦朝,秦王成为天下共主的美好局面。兴奋之余,将李斯封为长史。

李斯并不满足于这样的官职,于是李斯抓住机会,向秦王再次进言:"天下诸侯所以并立,就是因为人才分散,各自忠心自己的国家,如此国家才乱而分裂。秦国要实现一统天下的宏图伟愿,就必须要广泛地结交四方的宾客名士,愿意和秦国交好,为秦国服务的人,秦国就要投桃报李,赠给他们丰厚的礼物。反之,如果有不愿意侍奉秦国而又有才能的人,秦国就必须要派遣大量的刺客将之诛除,以此来根除六国存在的根基。而秦国就可以大肆利用那些存活下来的人,让他们的君王昏聩无能,继而派遣大军征伐,如此,天下可定。"

这一次,秦王再次被李斯的言论打动,无疑,李斯进一步规划了秦国一统天下的具体措施,秦王遂加封李斯为客卿,主要为秦王研究具体的统一天下的计策。

君臣之间,终于达成了理想目标和政策措施的共识,李斯甚至还为秦王制定了先灭掉韩国,以震慑其他国家,最后定鼎天下的战略。只是理想和现实,总是会存在着巨大的差距的。就在秦王下定决心准备一统天下的时候,秦国后宫之中,吕不韦和太后赵姬之间的情事东窗事发,东方六国特别是赵国,隐约中有复苏的迹象。更让人担忧的是,一个人的到来明显地延缓了秦国攻灭六国的时间，这个人就是郑国。

郑国是韩国人，具体的生卒年不详，是战国时期著名的水利学家，在当时被称为水工。此次赴秦，是因为韩国听闻秦国有灭除韩国的计划，产生了阻止秦国侵略、削弱秦国国力，使其无力东征的图谋，韩国遂派遣郑国前来秦国游说。

郑国到了秦国之后，立马建议秦王引泾水——泾水即泾河，发源地在今天的宁夏回族自治区泾源县，流经了宁夏、甘肃和陕西三省区；与渭河在陕西省高陵县陈家滩汇合，泾河水清澈、渭河水浑浊，是故有"泾渭分明"之说。东注北洛水为渠，从而使关中肥沃。秦王欣然采纳了郑国的建议，并命他为主持修渠工程的指挥官。

郑国肩负国家使命，同时对于自己的作品也是用尽了全力，只是两者不能两全，于是，郑国经常陷入矛盾的心理之中。经历了一番痛苦的思想斗争之后，郑国最终决定，为了自己的国家，可以效死力，但是自己的作品，也一定要全力以赴，如此，才能够无愧于心。

然而，不久之后，秦国便发现了韩国和郑国的图谋，遂罢黜了郑国的官职，并意图杀了郑国。郑国无所畏惧，为国为民，死不足惜，只是他的杰作还没完成，毕生最大的愿望还没有实现，怎么甘心就这样离开人世间呢？于是，郑国向秦王申诉，说自己非但无罪反而有功。

秦王问他，为何会那么说？

郑国直言不讳地说，当初自己来到秦国，的确是作为一个间谍，为削弱秦国而来。可是秦王只知其一不知其二，虽然这一工程在很大程度上耗损了秦国的国力，延缓了秦国攻灭六国的步伐，却给秦国留下了万世不拔的根基。有了这项工程，秦国的千秋万世都会得到它的好处，秦国恰好利用此段时间，积蓄力量，厚积薄发。自己死不足惜，如此宏伟的工程没有完成，才是自己、是秦王、是秦国也是后世千秋万代的遗憾，因此，郑国请求秦王能够让他把工程完成。

秦王很欣赏郑国的坦诚，也深刻地明白，秦国自长平之战以后，对东方六国的战事，进展并不是很大，恰好可以利用这段时间厉兵秣马，以待时变，遂答应了郑国的请求。

秦王不知道，自己此时看似一个微不足道的决定，最终竟然诞生了历史上功垂千秋的伟大作品——郑国渠。

郑国渠从秦王政元年（公元前246年）开始修建，历时10年有余方才全部完成，耗费了大量的人力物力财力。但是其功用也是奥妙无穷的。它从仲山（今陕西泾阳西北）出发，引经河水向西到瓠口作为渠口，利用西北微高、东南略低的地形，沿北山南麓引水向东伸展，注入北洛水，全长300多里。据郦道元的《水经注·沮水》记载，郑国渠大致流经今天泾阳、高陵、富平、三原、蒲城等县。灌溉面积达4万多公顷，使得每亩土地增产到一钟（六石四斗），可谓泽被万民。所以《史记·河渠书》说道："于是关中为沃野，无凶年，秦以富强，卒并诸侯，因命曰郑国渠。"秦以后，此渠灌溉范围虽有缩小，但历代不绝，至今仍然灌溉着关中地区的许多土地。正应了当地的一句名言：郑国千秋业，百世功在农。

然而，郑国虽然得到了秦王的谅解，其他客卿却遭受了池鱼之殃。

在郑国事件爆发之后，秦国朝堂可谓风声鹤唳草木皆兵，群臣中甚至还有人向秦王谏言道："目前有大量的外来宾客士人，大多数都不怀好意，为了自己国家的利益，不惜以身试法，来秦国搞破坏活动，为今之计，只有防微杜渐，把他们都驱逐出国家，才能够免除秦国遭受威胁。"

秦王以为有理，遂下了逐客令，李斯虽然贵为客卿，也在被逐出的名单之列。李斯自然不甘心就这样离开秦国，遂向秦王写了一封信，陈述逐客令的弊端和不分国界寻求有才之士的必要性，这就是著名的《谏逐客书》。

不想离开你

其实，李斯要成功地说服秦王，实在不是一件容易的事情。首先，李斯也在秦王下令逐出的名单之列，没有充分的证据能够证明，自己是清白之身，这种尴尬的身份让李斯有口难辩。其次，秦王这个人可不是易与之辈，李斯必须要把握好尺度，与虎谋皮必须要措辞严谨，不然就必定会费力不讨好。再次，郑国渠事件对于秦国上下影响深厚，要消除影响可不是一朝一夕的事情。

可是李斯满怀希望而来，壮志未酬，自然不甘心就此离开秦国，即使其他国家给予他更为丰厚的待遇，却难以给予他如同秦国这样强大国家的机遇。于是，李斯只能冒死进谏，上书直言。李斯上书说：

"臣今日听闻，秦国上下、大小官员，无不焦躁不安，认为客卿对国家有害，认为他们都一心为了自己的国家而做了间谍，前来损害秦国的利益。臣不才，窃以为这种想法实在是滑天下之大稽。

"遥想穆公当年，是何等的英雄气概，威霸天下，是何等的爱惜人才，懂得不拘一格地任用有才之士。穆公为了强大秦国，使得秦国的根基得以不断地巩固，遂遍访西戎，终得由余；上下宛地，竟得百里奚；迎接蹇叔于宋国，求取丕豹于晋国，搜求公孙支，从晋国投效秦国。

"这五个人有一个共同之处，那就是全部来自外国，穆公毫不避讳地任用他们，使西戎20多个部落得以归附秦国，秦国得以立下根基，称霸西北。穆公一跃而成春秋五霸之一。

"自三家分晋以来。魏国和齐国先后强大起来，眼看秦国就要落后于东方诸国，河西之地也落入魏国手中，对外用兵总是丧师失地，老秦人私斗成风，国家颓废不前。恰在这时候，秦孝公的出现挽救了秦国。他力排众议，慧眼独具，放手让魏国一个失意落魄的书生商鞅在秦国变法，在商鞅的改革下，秦国得以移风易俗，百姓得以富裕兴盛，国家得以富强繁荣，秦国借此一跃而成天下雄国，居高地而虎视中原，控兵弦而问鼎天下。先攻伐楚国，俘虏了他们的军队；后攻伐魏国，夺取了他们的城池。秦国得以开疆拓土；秦军也借此大展神威，国家强盛，百姓殷实，天下垂首待命。

"商君虽死，其政策却得以在秦国继续沿用，历代秦王都尊奉以法治国的惯例，历代秦民都知晓秦国律令的严厉；历代秦臣都明晰自己的权责。如此，秦国才得以千秋万代，保持强势。

"秦孝公驾崩，惠王得以坐拥秦国天下，向四方搜求人才，一个人的出现让秦国更加强盛，这个人就是张仪。秦惠王用其计策，西并巴蜀，攻取三川；北获上郡，魏国顿首；南占汉中，包举蛮夷，连楚国的国都鄢、郢都掌控在秦国的手中，楚国的国王也成为秦国笼中的小鸟困兽；秦军继而向东方迈进，占据险地成皋，割据富庶之地，让秦国得以休养生息。六国合纵就此解散，列国纷纷向西方的秦国俯首称臣。

"这种情况一直延续到了今天，一直未曾改变。其他秦王英明神武，臣在此就不赘述了，单单说秦昭襄王，就不拘一格、毫不犹豫地任用了从魏国得以死里逃生的丞相。除此以外，秦王还运用了他的谋略和智慧，铁腕和铁血，将穰侯废黜、华阳君驱逐，大秦王国得以加强，私家弄权得以杜绝，多年之后，秦国侵占了列国的土地，打击了诸侯的兵势，秦国终成今日之辉煌，不拔之基业，固若金汤之地位。

"上述四位君王，无疑都是杀伐果断、英明无双、雄才大略之人，但是他们却还需要依靠客卿的力量。由此而观之，客卿之于秦国，没有半点过失。试想，如果四位君王都和现在一样，将其他国家的客卿驱逐，将士子才人疏远，秦国怎么能够有现在这般的强盛和富裕呢？

"打个比方，如今大王，身怀昆山的宝玉，佩戴宝贵的随珠和璧，胸挂明月珠，腰佩太阿剑，座驾为纤离马，竖立着翠凤旗，敲击着鼍皮鼓。和客卿一样，他们之中大多都并非秦国土生土长的，但是大王并没有因为它们来自外国而心怀不满，这是何种原因呢？

"按照现在群臣的观点，只要是来自其他诸侯国的客卿，都一律弃而不用并驱逐出秦国。那么大王是否也必须要用秦国生出的产品，美丽的夜光璧不能装饰朝廷；精巧的犀牛角、象牙制的器物只能弃之不用，后宫之中切不可有郑、魏的美女，宫外的马棚也不能养駃騠好马，江南的金锡决然不可以作为秦国的器物，西蜀的丹青必须要丢弃或者退还。

"进一步说来，秦国有多少装饰后宫、娱乐心意、满足耳目的产品，都是来自其他国家和地区，难道秦国就这样将它们全部丢弃。如果是这样，嵌着宛珠的簪子，大王就应该扔了；配上珠玑的耳饰，王妃都应该丢了；用东阿丝织而成的衣服，大家都应该脱了；锦绣的修饰品也只能丢弃。就连那些化俗为雅、艳丽美好的赵国女子，也不应该让他们立在君王之侧。

"秦国的音乐才是正宗好听、赏心悦目的。大王应该多听听瓦瓮瓦器的敲打之声，原始的竹筝才是真正高雅的艺术，拍打着大腿，呜咽着哼唱才是秦国真正的音乐。而郑卫桑间的民间音乐，大王是绝对不能够听取的；韶虞武象的朝廷乐舞，大王是定然不会观看的，不是秦国的，怎么能够在秦国使用呢？

"可是秦国的现实并不是这样，君不见，秦国早就抛弃了传统的击瓮，转而去接近郑卫的音乐，也早就不用古老的弹筝，反而去听取韶虞的雅乐，这又是什么原因呢？无非是使得秦国人更加心情舒畅、生活舒适。

"可是，反观秦国的用人之策，却与生活享受的物品恰恰相反，竟然不问功过、不闻是非，不论亲疏，不见曲直，只要不是秦国人，一律驱逐出境。这种政策让人感到匪夷所思，难道秦王的心中，只有那些用于享受享乐的美女、金银财宝、珠宝玉器、音乐舞蹈，而一点也不重视秦国的人民和秦国的前途、普天之下的能人？这种做法，怎么能够宾服诸侯、雄霸天下、囊括四海、包举宇内呢?

"臣以为,只有土地宽广而肥沃,国家的粮食才能够富实和充裕;只有国家人口众多,军队才能够保证数量,进而训练有素,作战骁勇。登上泰山何以能够小看天下呢?就是因为泰山能够不嫌弃一粒外来的泥土。黄河和大海怎么有那么雄壮和宽广呢?就是因为它们不会去摒弃外来的流水。君王何尝不是如此?只有广泛地接纳庶民百姓,才能够宣传他的德行和政策。

"由此而观之,不管土地是来自哪个方向,不论百姓来自哪个国家,四季风调雨顺,鬼神才能够降下福音,昔日三皇五帝之治天下,则天下大治;攻天下,则天下束手待命的原因,就是如此。

"可是眼下的秦国,却准备抛弃忠心于君王的百姓来帮助别的敌对国家;把宾客士人都辞退了,去其他诸侯国建功立业。如此作为,天下的士人可是看着的,叫他们怎么敢亲厚秦国呢?如此作为,和帮助盗贼,给予他们武器来盗取自己的粮食,又有什么两样呢?

"天下之大,无奇不有。多少珍贵的器物来自他国,秦国却可以将之看做自己的宝贝;多少美貌的少女来自诸侯国,秦国却可以将之看做自己的人而亲密无间。士子能人何尝不是如此,有的的确不是什么好人,来到秦国定然有着不可告人的秘密。但是大王怎么可以以偏概全呢?要知道大多数人都更加愿意效忠秦国的。如果秦国坚持这样的策略,驱逐四方的士子宾客,则敌国的实力定然大涨,敌国的百姓必定大增,秦国由此而日益虚弱,其他国家则借机不断富强,秦国更是得罪了天下人和四方诸侯。真的到了那个时候,谁能够保证,秦国不会面临灭顶之灾呢?

"臣不惴简陋,望请大王三思。"

秦王自然也不是昏聩之辈,读罢李斯这篇才华横溢、激情捭阖的书信,不禁心怀大畅。秦国有了这等良才,何愁大事不成?

于是,秦王当机立断,取消了逐客令,李斯也借机平步青云,受到秦王更大的重用,做了主管刑法律令的廷尉。秦国更加注重招揽诸侯的贤才,重用列国客卿,这些人大多数都怀有成就功名大业的志向,在功成名就的同时,也为秦国的统一大业做出了突出的贡献。如王翦、李斯、王崎、茅焦、王贲、李信、尉缭、王离等人,在秦始皇时代,从政治到经济,从文化到军事,都奠定了秦国强大的根基和稳固的伟业。

尉缭子的幸福生活

秦王扫六合，虎视何雄哉！挥剑决浮云，诸侯尽西来。
明断自天启，大略驾群才。收兵铸金人，函谷正东开。
铭功会稽岭，骋望琅琊台。刑徒七十万，起土骊山隈。
尚采不死药，茫然使心哀。连弩射海鱼，长鲸正崔嵬。
额鼻象五岳，扬波喷云雷。鬐鬣蔽青天，何由睹蓬莱？
徐市载秦女，楼船几时回？但见三泉下，金棺葬寒灰。

——李白《秦王扫六合》

这是唐朝诗仙李白《古风》组诗的第三首。全诗共有24句，从功与过两个方面，比较全面地评价了秦始皇的一生。其过错自然是奢侈浪费、残暴无道、严刑峻法，并且最终招致了亡秦必楚的结局的出现；另一面，则是介绍了秦始皇伟大的历史功绩：统一全国，建立起中国历史上第一个强大的封建大一统帝国。

秦王政之所以能够完成一统天下的宏图霸业，首先与他的雄才大略密切相关，其次则与秦国的许多能人异士、名将贤臣的辅佐密不可分。在秦王政当政之时，正是秦国和六国决战的关键时刻。如吕不韦、李斯、王翦、蒙恬等人对秦国立下的功绩自然不必多说。而真正帮助秦王理出消灭山东诸侯的关键，制定一统天下的策略的人则是尉缭。

关于尉缭一生的事迹，史籍上的记载出入很大，一说他大约活动于魏国由安邑迁都于大梁的历史时期，为魏惠王时期的人。但是另一种说法则称尉缭在秦王政十年（公元前237年）来到了秦国，前后相差达90多年，明显有两个叫尉缭的人，但是后面和秦王政的交集，是确实可信的。

此时秦国面对东方任何一个诸侯国，都可以轻易地将他们打得服服帖帖，但若是他们合纵起来，秦国就必须要暂避其锋芒了。

尉缭看中了这一点，所以来到秦国之后立马向秦王建议，"说及当今的秦国，已经无比强大，山东诸侯和秦国比起来，就好比是郡县的县令。但是如果他们合纵起来，则会收到出其不意的效果。智伯虽然是春秋晋国时期的权臣，最终还是被韩、赵、魏等几家大夫攻灭；夫差虽然贵为春秋末年的吴王，最终还是被越王勾践所杀；湣王虽然是战国早期的齐王，终免不了因燕、赵、魏、秦等联合破齐而亡，这都是合纵所起到的作用。"

所以尉缭建议秦王政千万不要吝啬财物，只需要拿着它们前去贿赂各国的权臣，以扰乱他们的谋略，让他们出现萧墙之争的局面。只要采取这种方式，秦国只不过损失数十万的金银财宝，但是诸侯却能够被一一灭亡。

秦王一听，尉缭不仅擅长军事，没有想到在外交上也有自己独到的见解，他的想法竟然能够和李斯的设想不谋而合。于是，秦王政便有心让他成为自己的臣子，从此在很多大事情上都要找他来商量，并经常听取他的意见。甚至为了表示对尉缭的恩宠，秦王总是以学生之礼来待尉缭，允许尉缭和与其享有一样的穿戴饮食。

尉缭此人不但能够在战场上纵横捭阖，在外交上洞悉一切，而且对于秦王政本人，他也能够做出一番客观而科学的分析。他认为秦王政"极其残暴，缺少恩德，心似虎狼一般歹毒；在困境中之时，尚且可以谦卑待人，但如果让他得到了天下，秦王政必定会不顾天下人的感受，即使是身边的人，也会成为他的仆从，而整个天下的人，则会成为他的奴隶"。

尉缭第一次公开地道出了秦王政的性格本质所在，而且句句真实，切中要害。这一切都能够从后来秦王政统一天下之后所推行的各种暴政中看出。尉缭既然认识到了秦王政只可以共患难，不可以同享福，所以萌生了离开秦王和秦国的心思。

尉缭并不是为了有意抬高自己的身价，或者是看不上秦国，而是对自己、对整个天下未来的命运担心，所以在生出了离开之意后，没有丝毫犹豫便不辞而别。可是他不知道，整个天下都在秦王政的掌控之中，一个小小的尉缭，又怎么逃得出秦王政的手掌心呢？

尉缭刚刚走出咸阳，便有大队人马追了上来，奉秦王令要他必须回去。此时的秦王的确很贤明，他知道此时的国家正处于用人之际，像尉缭这样的人才，无论是在政治上，还是在军事上，甚至在外交上，都有过人之处，秦王政无论如何也不会放任他离开的。如果让他离开之后，为别的国家所用，秦王政会毫不犹豫地杀了他。

尉缭最终答应留在秦国。秦王政为此可谓用尽心思,各种金银珠宝、锦衣玉食、美女宝马都赏赐给了尉缭,以笼络住他的心,甚至还将尉缭提升到了国尉的高官位置,掌管全国的军队,主持秦国全面的军事。

此时的尉缭可谓心存余悸,如果再离开,秦王很可能将他就地诛杀。现在秦王对他也还不错,尉缭也不想落得个恩将仇报、不识抬举的名声,所以他决意留在秦国,尽心尽力为秦国的统一大业出谋划策。

尉缭所有成就当中,最为显著的就是在军事方面,尤其是他的《尉缭子》,此书对中国古代军事思想有深远的影响。

《尉缭子》继承并发展了《孙子》和《吴子》等兵书的军事思想,同时在很多思想观念上具备一定的创新性。首先,尉缭认为,要在一场战争中取得最后的胜利,经济基础才是最重要的。其次,尉缭在一些战略战术思想上别具一格,例如他主张要集中优势兵力,等待时机再去歼灭敌人。又如尉缭坚持孙子兵法中的奇正相间的思想,主张"正兵贵先,奇兵贵后,或先或后"。再次,尉缭制定了一整套极具时代特色的军中赏罚条令,特别主张重罚那些战败、投降和临阵脱逃的人。此外,尉缭在兵法之中,还制定了一系列军事条令,如《分塞令》《经卒令》《勒卒令》《将令》《踵军令》等,涉及了军中编队、军队和君王的关系、军中命令、后续部队的调拨等各个方面。

尉缭在他的军事著作和行军打仗的实践行动中,也形成了独特的战争观。例如他提出了"天官时日,不若人事"的进步观点，可见用唯心主义的天命观指导战争，是为尉缭所不齿的事情。又如尉缭将战争分为正义与不义两种，他坚决反对不义之战，支持正义战争，主张"王者伐暴乱"的战争要以"仁义"为本，而秦王政统一天下的战争便是免除天下连连征战，民不聊生的战争。但是从过去到现在一直到未来，所有的战争其实很少是以仁义为本的。再如尉缭认为"兵者凶器也，争者逆德也"，就是告诫君王不要妄自发动战争，亦不能刀枪入库，马放南山，废弃了战争就会招致祸患。

自汉代以后，《尉缭子》一书屡次被编著、书录，但是其卷数和篇数都不尽相同，卷数上有5卷、6卷之分，篇数上有24、29、31、32篇之别。历史研究证明，之所以会形成这样的局面，主要有两个方面的原因：要么是因为流传中有佚失，要么是分篇的标准不同。

流传到今天，《尉缭子》还存有24篇，它们分别是：天官篇、兵谈篇、制谈篇、战威篇、攻权篇、守议篇、十二陵篇、武议篇、将理篇、原官篇、治本篇、战权篇、重刑令篇、伍制令篇、分塞令篇、束伍令篇、经卒令篇、勒卒令篇、将令篇、踵军令篇、兵教上篇、兵教下篇、兵令上篇、兵令下篇。《尉缭子》是研究先秦军事策略、条令、制度等的宝贵资料，在现代战争中，仍然具有一定的指导意义。

韩非与《韩非子》

司马迁在《太史公自序》一文中说道："文王拘而演《周易》；仲尼厄而作《春秋》；屈原放逐，乃赋《离骚》；左丘失明，厥有《国语》；孙子膑脚，兵法修列；不韦迁蜀，世传《吕览》；韩非囚秦，《说难》《孤愤》；诗三百篇，大抵贤圣发愤之所为作也。"

由此可以看出，司马迁将韩非和周文王、孔子、屈原、左丘明、孙膑、吕不韦等人在地位上相提并论，证明他的成就也是很高的；同时也说明，如同韩非这样的贤人，需得历经磨难才终成正果。

韩非是韩国新郑人，也算得上是韩国王室的诸位公子之一。他和李斯一道，曾在荀子的门下求学，只不过李斯学的是帝王之术，而韩非却精于"刑名法术之学"。韩非有着深刻的思想、激扬的文采、赤诚的心灵、厚重的学识，这些都是李斯望尘莫及的。如果李斯算得上是不世出的人才，那么韩非只能用奇才来形容了。

但金无足赤、人无完人，雄才大略的韩非也有自己的缺陷——口吃。这种缺陷放在一般人身上，已经是处处受气；到了韩非这里，则是到处不得志。空有汪洋恣肆的才华和让人叹为观止的谋略，却只能够留诸笔端，不可以口传身教，是韩非的悲哀。世上有许多庸俗不堪、眼光浑浊者，并没有认识到韩非的才华，自然不会认识到其文采斐然下思想的深邃、智计的高绝。

当时，韩国处于魏国、赵国和秦国的包围之中，可谓在夹缝中求生存。韩国虽和魏国联合，却仍被秦将白起打得大败。之后韩国便一蹶不振，眼下已经是日薄西山，苟延残喘。其实秦国要灭掉韩国不费吹灰之力，只是秦国认为时机未到，还在蓄积力量以待时变。

无论韩国是如何积贫积弱，都是韩非挚爱的国家。韩非怀着一腔报国之志，投身到荀卿的门下学习，又怀着满腔的报国之心，在学业尚未完成时便回到了韩国。世人只知道，李斯对韩非非常的佩服，殊不知，韩非对李斯也有非一般的担忧。特别是听闻李斯去秦国后，韩非第一时间返回了韩国，因为他担心李斯主张首先灭掉的国家是韩。

只可惜，韩王对韩国的政局并不甚关心，或者已经是力不从心。韩非多次上书要求革除韩国积贫积弱的弊端，改革求强，变法图存，韩王不予理会。其实，韩非和韩王都知道，秦国统一天下已经是大势所趋，韩国即使变法而强，也不过是图一时之用，不可一世受用。韩非此举，无异于是逆天而行。

更让人遗憾的是，每次韩王让韩非说出自己的思想和道理时，韩非总是支支吾吾，说不清自己的真正想法。韩非的口吃和不善言辞在很大程度上影响了他的仕途，也影响了他的自尊和人格魅力的散发，更影响了整个韩国乃至天下对韩非的认识。如此一来，很多事情便发生了改变。韩非对于世俗的险恶和人心的难测，开始认真地思考；对于韩国的前途、自己的仕途也开始重新思量。思考过后，韩非得出这样的结论：廉直不容于邪枉之臣。无奈的他只好转向学术研究，将胸中纵横捭阖的韬略一一写在书上。

今天还可以看到的是《五蠹》《内外储》《说林》《孤愤》《说难》等55篇文章，其都收录在《韩非子》一书中，洋洋洒洒10万余言。

由于韩非的著作一大部分都是讲阴谋阳谋的，因此古人将其定义为阴谋学家。但是后世对《韩非子》进行全面的总结后发现，其中的法、术和势才是最关键的，所以最终将韩非定义为法家的集大成者，同时也认为韩非是战国末期带有唯物主义色彩的哲学家。

韩非之法，将商鞅之"法"、申不害的"术"以及慎到之"势"有机地结合起来。韩非在荀卿处求学之时，便极力推崇商鞅和申不害二人的学说，同时还创造性地指出：申、商之学说也不是尽善尽美的，其最大缺点在于没有把法与术结合起来；而申不害和商鞅的学说的第二大缺点在于"未尽"，"申子未尽于术，商君未尽于法"（《韩非子·定法》）。韩非从天下的现实出发，论述了术、法、势的内容以及三者的关系，他认为，国家图治，就要求君主要善用权术，同时臣下必须遵法，天下都要学会因势利导。由此看来，其思想能够超现世所见又为现世所用。

《韩非子》之法，主要从刑法和道德，或者是刑罚和赏赐上讲，但他更加倾向于刑法和刑罚，并认为这些都是强制性的东西，且不需要支付现有的财富。可以说，这种政治制度和法律条令，通过运用和落实，让专制主义制度得以接连延续2000年时间。

《韩非子》之术，即是教授君王用王道和霸道相结合，以巩固自己的统治。在这个方面的确不愧于"阴谋"二字，韩非在综合考量和研究了各种臣属（包括奸臣和忠臣）的各种行径之后，给君王也相应地制定了各种防范的措施，形成了一整套防、识、查、处奸臣的方法，归纳而成了八经、八奸、备内、三守、用人、南面等一系列政治权谋。其中涉及了帝王后妃、臣属、子嗣、文武百官等各个方面。韩非从荀子的"性恶论"思想出发，以建立封建的中央集权专制主义国家为政治目的。进而认为人与人之间的关系都是利害关系，人的心理无不"畏诛而利庆赏"（《二柄》），君王的职责就在于利用"刑""德"二手，使民众畏威而归利。他的这种说法有些惊世骇俗，不过上升到了这个层面，也应该是归于阳谋了。韩非的本意并不是想用这些方法去惩戒人，而是要去警示人，为统治者服务。

《韩非子》之势，即权势，政权。他赞赏慎到所说的"尧为匹夫不能治三人，而桀为天子能乱天下"（《难者》），提出了"抱法处势则治，背法去势则乱"（《难势》）等论点，并极力推崇只有法、术和势三者结合，才能够真正地让王位巩固，政权稳定。

韩非子最令人称道的闪光点在于法不阿贵，主张"刑过不避大臣，赏善不遗匹夫"。比起荀子依据儒家"礼不下庶人，刑不上大夫"（《礼记·曲礼》）的旧说更加前进了一步。这是对中国法制思想的重大贡献，对于清除贵族特权，维护法律尊严，产生了积极的影响。但是这并不代表着韩非就认为法律面前人人平等，他的目的是将一起权力都集中到君主一人身上。这也是韩非学说的根本宗旨所在。

然而，按照韩非的说法，君主一个人的力量比不上众人的力量，在智力上也不能同时胜任一万件事情，与其依靠君主一个人的力量，倒不如依靠一个国家的力量。只要学会用一国的人力，则他们的眼睛都能够化作君主的眼睛，他们的耳朵则都可以成为君主的耳朵，如此，便能够最大限度地看清楚、听明白。在此基础上，韩非将君主分为了三等：下等君主只知道用尽自己的智谋才能，中等君主能够用众人的力量，上等君主则能够运用众人的智谋。用众人的方法是"听其言必责（检查）其用（实用），观其行必求其功（效果）"（《韩非子·六反篇》）。

韩非结合了前人的观念，综合社会的现实和自己的创新，最终形成极端封建专制主义。韩非的思想，在今天看来虽然有很多不可取的地方，但是于当时而言则无异于是救世的灵丹妙药。

早在春秋后期，农民和地主两个新兴的阶级开始产生，但是和领主阶级对比，他们的势力实在是微不足道，所以孔子才主张复兴周道，以求取政治上的统一，那无疑正是两个新兴阶级的政治诉求。

韩、赵、魏三家分晋之后，农民阶级和地主阶级的力量都有很大的增强。所以孟子主张行仁政，主张礼治，这在一定程度上反映了地主阶级有了自己独立的政治观念，但他们离不开农民阶级的支持。

而到了战国后期，地主阶级的力量更加强大，传统的领主已经不具备任何威胁，农民阶级成为了地主阶级对立的阶级。这个时期的荀子在其学说中主张用专制主义来求统一。韩非子更是在前人的基础上，将中央集权制度学说发展成熟并加以完善。

师兄别杀我

转眼进入公元前237年，秦王政已经23岁了。

由于吕不韦的专权，加之嫪毐事件的爆发，秦王政在具备一定实力之后，顺势将吕不韦的相位罢黜，李斯则由于其才智超绝且在废黜吕不韦、诛除嫪毐一派中功勋卓著，所以接替吕不韦做了丞相。

秦王政爱好读书，特别是那些关于阴谋阳谋、政论军事相关的书籍。韩非在韩国所著的书籍，很快就流传到了咸阳，辗转映入了秦王政的眼中。尤其是《说难》《孤愤》《五蠹》三篇深得秦王赞许。其中第一篇专门论述向君王进说的困难之处，详细地分析了如何才能够成功地说服君王，在进说成败的原因总结之上，形成了一套向君王诉说治国之道的方法。第二篇顾名思义，即孤独、愤慨之意，韩非怀才不遇，心中郁愤，更是直接反映了官场之上尔虞我诈、钩心斗角的现实情况和法、术之士的艰难处境，告诫君王一定要防着臣下，加强中央集权。第三篇则概括性地指出了社会上存在的五种人：儒家、纵横家、游侠、逃避兵役的人、商人和手工业者,并认为这五种人是腐蚀社会的蛀虫,要想国家富强,必须要将这五种人诛除。其方式就是:"明主之国,无书简之文,以法为教;无先王之语,以吏为师;无私剑之悍,以斩首为勇。"(《韩非子·五蠹》)顿时让秦王政生出了醍醐灌顶、茅塞顿开的感觉。

秦王政手捧着韩非的文章反复诵读,越是深入越对韩非佩服得五体投地,叹息说:"如果这一生一世,寡人有机会能够和韩非一道出门郊游,即使是立刻死去,也没有什么遗憾了。"这种夸张的说法,和孔子的"朝闻道夕死可以"有着异曲同工之妙。同时孔子难以得道,秦王也难以见到韩非。

眼前的韩非还远在韩国,满怀着报效国家的宏大志愿,即使秦王给予他高官厚禄也不会打动他。秦王也知道韩非有口吃的毛病,不善言辞。

秦王从韩非的那些著作中,对他的思想和智慧已有所领略。

正好这时候郑国渠事件爆发,秦国找到了对韩国动武的理由。这一次,秦王政灵机一现,认为既然好言相请、高官厚禄相诱韩非不成,倒不如让韩王去帮自己做这件事情。

于是,秦王政亲自率领30万大军,到韩国边境上呐喊演武,韩国朝野震动,看那架势秦国似乎就要灭除韩国。眼下各诸侯国羸弱,秦国独大,韩国已经来不及向别国求援,而且也无援可求。

韩王绝望了,但是秦王政却在这时候发话了,此次大军前来,只要一个人,那就是韩非。只要他代表韩国前去秦国访问,则秦国立马撤兵。

韩王一下子便懵了，没想到天下还有这等好事，不就是一个话都说不清楚的韩非吗？于是，不待韩非反对，韩王便下令让韩非去了秦国。可是韩王不知道，秦国日后能够那么迅速地兼并天下，就是因为这个话都说不清楚的韩非。韩非的思想和理论，不仅成了秦国的治国方略，也为以后秦国的大一统奠定了基础，更是主宰了中国整个封建王朝政权的运行。于是有人说，中国古代只有两个圣人，即孔子和韩非。孔子所著为道德文章，被历代君主用来展现自己的仁德；后者使用的是阴谋权术，没有统治者不暗箱操作，同时其法制和封建君主专制理论，更是维系历代王朝稳固的重要理论基石。

公元前233年，韩非刚刚走出韩国，秦国30万大军便如潮水般迅速退去。韩非心中顿时生出了万千感慨：韩王无能，而且不信任和重用自己，韩国的灭亡已经是注定了的事情；秦国能够如此重视自己，加上其实力强横，自己既然实现不了国家理想，倒不如退而求其次，前去求取自己的个人理想。

韩非兴致勃勃地来到了咸阳宫，成了秦王政的座上宾，受到极致的尊敬与欢迎。秦王虽然早就听闻韩非的才华，却没有料到他的思想竟然如此光芒四射，在韩国的不得志丝毫没有削弱韩非的意志，反而坚定了他追寻理想的志向。

或许秦王知道，这韩非终归不是秦国人，甚至他终归太爱自己的国家韩国，所以最终秦王政得出的结论是：可以利用他，但是不会信用他。或许秦王政还需要考察韩非一段时间，一旦他表现出足够的忠诚，秦王便会破格重用于他。

韩非也很高兴，终于见识到了秦国的强大，也意识到了秦国何以会那么的强大，自己在秦国或许真的可以大展拳脚。

只可惜，人生不如意事十之八九，历史从来都不是朝着人预想的方向去发展的。昔日的知己好友、同门师兄，在面临国家大事、前途功名之时，这一切感情甚至是道德似乎都变得无比的脆弱。

如果韩非是个一般的人，李斯还会给他点好处，以彰显自己很重视同门之谊，但是韩非之才已经远远地超出了李斯的想象。一个有如此深邃的思想、恣肆的才华的人，让李斯自愧不如的同时也感到深刻的危机。

所谓一山不容二虎，李斯相信换做韩非是自己，也会和现在的他一样。李斯走到秦王政的寝宫，危言耸听地说道："韩非是何人？他可是韩国王公贵族的一员，如果是一般平民，倒还可以引为己用。依照现实的情况看，这韩非未必会甘心依附秦国。如果重用他，就要考虑到将来某一天会变生肘腋、祸起萧墙，如果送他回去韩国，就要担心韩国会乘机变法图强，威胁秦国的地位，最终成为秦国的心腹大患。为今之计，只有一个方法——杀了韩非，才能够永绝后患，一劳永逸。"

李斯是何人？是秦国的宰相，是帮助秦王制定法令，维持统治的能臣，是击败吕不韦、嫪毐等人阴谋的关键人物，最得秦王的欣赏和信任。他说的话不无道理，秦王政还有什么不会答应的呢？更何况，韩非的思想都已经付诸笔端，秦王大可以活学活用，韩非本人或许已经没有什么用处了。

此外，李斯党羽、秦国上卿姚贾等人也不断在秦王政耳边大进谗言，秦王政在众人的劝说下，将韩非从贵宾的位置上拉了下来，迅速打入大牢。

但是要秦王下定决心杀了韩非实在是一件很难的事情，所以趁着秦王不注意，李斯便假冒秦王的命令，用毒酒将韩非毒死。不久之后秦王政对韩非入狱一事十分后悔，便下令将韩非放出来。只是此时此刻，韩非已经魂归九泉。木已成舟，秦王也只能长长地叹息一声，聊表自己对这位天纵奇才意外之死的惋惜。

但是关于韩非之死，历史上其实存在着两种说法。

第一种是史学家司马迁在《史记·老子韩非列传》一文中的记述，迄今为止，这是关于韩非之死的原版说法和主流说法。其间言道："李斯、姚贾害之，毁之曰：'韩非，韩之诸公子也。今王欲并诸侯，非终为韩不为秦，此人之情也。今王不用，久留而归之，此自遗患也。不如以过法杀之。'秦王以为然，下吏治非。李斯使人遗非药，使自杀。"

第二种说法则见于《战国策·秦策》。其间说道，当时山东有四个国家再一次掀起了合纵狂潮。秦国有一个叫作姚贾的客卿，做了一次毛遂，完成了一次自荐，并且幸不辱命，连续出访四个国家，兵不血刃便将这一次兵灾消失于无形之中。秦王政自然高兴万分，高官厚禄等各种赏赐便纷至沓来。但是这件事情却让韩非知道了，他认为姚贾此人不过是借着秦国的君威和军威，才能够让四国俯首称臣，其功劳实在是担不起那么大的赏赐。秦王便找来姚贾，向他发起责难。结果姚贾一一对答如流，令韩非无言以对，心中明明想好了很多驳斥他的方法，却怎么也说不出来。结果，"秦王曰：'然'。乃可复使姚贾而诛韩非。"姚贾之事不了了之，韩非却被告上了逸言陷害大臣的罪名，于是被杀。但是诛一字在当时而言，除了诛杀之意外，还有责问、谴责、惩罚之意，哪种意思都能够衔接上前后文和后来的发展情况。

这两种说法的相同处，是韩非之死，跟姚贾和秦王都有关系。不同之处则在于，司马迁笔下的韩非，无辜被李斯陷害而死；而《战国策》中的韩非，则有引火上身、咎由自取的味道。

韩非如同一颗流星一般，辉煌地划过历史的天空，但是其深刻的思想和才华飞扬的文字，则留在了世间，是为《韩非子》。秦国更是几乎全盘接受了韩非的治国、为君的思想，最终形成了强大的秦帝国，乃至于后世的汉唐帝国、宋元明清，无论哪一个朝代，无不闪耀着韩非思想的光芒。

第六章
分久必合,天下归一

荆轲真正的剑术

赵客缦胡缨,吴钩霜雪明。银鞍照白马,飒沓如流星。
十步杀一人,千里不留行。事了拂衣去,深藏身与名。
闲过信陵饮,脱剑膝前横。将炙啖朱亥,持觞劝侯嬴。
三杯吐然诺,五岳倒为轻。眼花耳热后,意气素霓生。
救赵挥金锤,邯郸先震惊。千秋二壮士,烜赫大梁城。
纵死侠骨香,不惭世上英。谁能书阁下,白首太玄经。

——李白《侠客行》

"少年游侠,中年游宦,老年游仙"是代代侠士们永远走不出的怪圈。在中国,"侠"文化可谓是经久不衰。从《史记》中对游侠的称赞到《水浒传》中民间群侠的讴歌,再到金庸笔下的"侠之大者,为国为民",无不包含着中国侠客及其精气神所会聚而成的文化。

李白荡气回肠的《侠客行》,无疑让每个人都感到热血沸腾,提剑斩楼兰的霸气便从此油然而生。整首诗歌都为世人描绘了这样一个场景:一人一剑一匹马,一曲诗歌一壶酒,神龙见首不见尾，以天为盖地为庐。也可以得见，那名侠客来去如风，飘逸洒脱。世界如此之大，他的心中却没有丝毫的牵挂阻碍；又可以见到，他大块吃肉，大碗喝酒，无拘无束，天地之间任他遨游；也可以毫无保留地相信他他一诺千金，纵使千里之外，百万大军，仍然可以取敌人项上人头；同时他又不求回报，只是因为路见不平拔刀相助，纵死也没有丝毫畏惧。这就是侠士，这就是侠士的生活，存在于古代明堂蒿莱之间的特殊阶层，存在于江湖的每一个角落。

一种根深蒂固的侠客情结便逐渐在中国人的心中产生，演变成一段段热血沸腾的今古传奇，从先秦开始，悠悠几千年便弹指而过。纵观每朝每代，关于侠客的逸闻传说总是没有间断而且剑气纵横。春秋战国有专诸刺吴王僚，豫让为智伯报仇，不惜毁容毁声，三番四次刺杀赵襄子；聂政豪气冲天前去刺侠累；而荆轲刺秦王的故事更是家喻户晓……

每每想到荆轲，便会想起那易水河畔"风萧萧兮易水寒，壮士一去兮不复还"的缥缈歌声。

荆轲未到燕国之时，曾经去过今天的山西榆次拜访当时最为著名的剑术大家盖聂。可是荆轲才刚刚和盖聂谈论不久，盖聂便大怒不已，用自己那一双满布杀机的眼睛狠狠地瞪着荆轲，荆轲好像也意识到了什么，便起身悄悄地离开。

在盖聂身边的人开始心生不解，荆轲好歹也号称剑道高手，盖聂怎么能够对他横眉冷对呢？大家劝解盖聂，让他把荆轲重新请回来，哪知道盖聂居然不为所动，因为在他看来，荆轲作为一个剑客，竟然连剑道的基本常识都没有，所谓道不同不相为谋。

荆轲这样的水平，实在是上不了台面，留在这里不过是丢人现眼。不过说是这样说，盖聂还是让人去看了一下，一见荆轲果然走了。于是大家的心中便生出了一个疑虑——荆轲的剑术，真的上不了台面，还是盖聂对荆轲存在什么偏见？或许荆轲和韩非一样，虽然拥有一身本事，却疏于表达。但遍寻司马迁关于荆轲的记述，发现竟然没有一言一词足以证明荆轲的剑术究竟到了什么境界，司马迁只是在开篇之时，说及荆轲喜爱读书和剑术。

荆轲离开了盖聂之后，便到了邯郸，在那里他遇到了当时另一位著名的剑术高手鲁勾践，二人并没有当即提刀上马或者是剑拔弩张。大凡高手见面，都是锋芒内敛，时机一到，便能够十步杀一人，千里不留行。鲁勾践是这样，他以为荆轲也是这样。所以在见到了荆轲之后，并没有选择和他接招，也没有纵论剑术，而是静静地坐了下来，邀请荆轲下棋。其实，在鲁勾践的眼中，剑道和棋道其实是一个道理，甚至还能够从中品评出对弈者的人生境界。于是，鲁勾践在举手投足之间，便露出了无形的纵横剑气和激扬杀机。荆轲没有料到自己的实力和他竟然是如此悬殊，以至于鲁勾践一举眉，荆轲便阵脚大乱，乃至下了一步十足的臭棋。鲁勾践最终恢复了他快意恩仇的性子，见荆轲水平太低，遂罢棋不下，还大声训斥荆轲。荆轲也没有反驳，只是悻悻地离开。

这一刻连荆轲自己都在怀疑，难道自己的剑术，真的就这么不入流吗？

于是，荆轲回想起了当初自己在卫国的日子，如云上一般虚无缥缈却又清晰可见。当时他也曾尝试过用自己的剑术为自己谋求个生路,还为此找到了卫元君。只是当时的卫元君一点都没有心动,最终也没有用到他。或者是因为,荆轲的剑术实在出神入化,登峰造极,以至于卫元君一点也没有弄明白。可是综合上述两个故事,似乎更应该相信,荆轲其实是有名无实,甚至在当时,他连名都没有。

大凡一个人在受到了巨大的打击之后,便会重新认识世界,甚至是改变自己,至于改变的结果如何,就看个人的造化了。

荆轲便选择了改变自己,从此不与人言武。荆轲终于认识到了自己的现实,他不再与人下棋,也不再与人论剑。妄自菲薄之下,荆轲逐渐堕落了,他开始在贩夫走卒之间厮混,并和一个杀狗的屠夫高渐离称兄道弟。高渐离这人有两个长处,一个是酒量好,古人都相信"劝君更尽一杯酒,与尔同销万古愁",所以这时候,酒水无疑是高渐离和荆轲感情升华的催化剂,也是弥补荆轲饱受摧残的心灵的良药。高渐离的另一个长处,就是善于击筑,荆轲便趁势在酒精的作用下引吭高歌,在苦笑之间,痛苦痛快之后,二人就此惺惺相惜。

很多时候,荆轲都在问自己,这一生就这么平凡地过去了吗?可是真要他突然不平凡,他却没有准备好。

礼下于人，必有所求

在秦国做人质的燕太子丹仓皇从咸阳逃回了燕国。不知道他是出于对国家未来的担忧，还是出于对个人前途的考量，其内心突然之间便充满了仇恨。也许这些仇恨在咸阳受苦受难受辱之时就已经潜滋暗长了，只是回到了自己的国家后，那些仇恨才开始蒙蔽他的眼睛。

于是，太子丹找到了太傅鞠武，并对他义正词严地说道："燕国和秦国已经是势不两立，尚请太傅不吝赐教，来改变这种危局。"鞠武想了想回答道："当前秦国的势力如日中天，国力雄厚，兵威正盛，如果他们再用武力胁迫韩、赵、魏这三个国家，那么易水以北的燕国也是祸福难料。太子大可以忘记屈辱，不能够因为这点小事而让国家面临危险。"太子丹说："那太傅要好好地谋划一番，使学生既能够出了心中的一股怨气，也可以让燕国高枕无忧。"太傅很犯难，只能暂时说道："请让我好好思考一番。"

想当年，太子丹也在赵国做过人质，并且和秦王政从小一起玩耍。可是他没有料到，昔日和自己一起吃饭、一起打架、一起玩乐和受罚的同伴，转眼间便叱咤九天上，成了天下间人人敬服的秦王。更让这一切充满戏剧色彩的是后来太子丹竟然做了燕国的质子到达秦国。

秦王政到了这个时候早已经是六亲不认，其心中只有整个天下。恰如尉缭所言，秦王政只能和人共患难，不能同享福。所以太子丹在秦王政的眼中，和一般的仆人没有什么两样，甚至有时候秦王政还会对他"特别照顾"。

面对落差如此巨大的人生际遇，太子丹在饱受折磨的同时，心中有不平衡也是很正常的。即使太傅有心相劝，也难以改变太子丹一往无前的决心。恰如难以阻挡秦国鲸吞天下，燕国终将灭亡的命运。

而另一件事情让风雨飘摇的燕国雪上加霜。

当时和赵国李牧交战大败后的秦将樊於期，走投无路之下来到了燕国。太子丹很仗义，二话不说便将樊於期收留了。太傅感到事情不妙，便对太子丹进谏道："万万不能收留樊於期，秦王十分残暴，燕国又是秦国的眼中钉、肉中刺，燕国本来就已经朝不保夕了，如果秦王知道樊於期被我们收留，这就好比把肉丢在饿虎所经过的道路上，一场大祸就要从此产生了。即使管仲和晏婴来辅助燕国，也无力改变燕国被屠灭的结局。为今之计，太子大可以祸水他引，让樊将军到匈奴那里去，只要不泄露风声则燕国可保，樊於期也可安然无恙。只要再让我到西边去联合韩、赵、魏三个国家，到南方去让齐、楚两国参与联盟，到北边去和匈奴订立合约，合纵之势一成，则大事可期。"

按理说，这应该是保全燕国最可靠的方法，但是太子丹却认为，鞠武的计划耗时太长，自己一刻也难以等待。更何况樊将军是因为穷途末路了才会千里迢迢地来投奔他，如果因为惧怕秦国的威胁而拒人于千里之外，实在是于道义不和，所以太子丹只能让鞠武另择他法。

鞠武见太子丹如此死心眼，长叹一声说道："明知道燕国势弱，还要和强秦相抗；明知道行动危险，却还希望一路平安；结怨深厚却没有什么翔实可行的计划；复仇心切却没有足够强大的实力。这让我也是左右为难，不如去找田光先生，此人身处燕国却言观天下；深谋远虑且勇敢沉着，相信他会给你好的建议。"

然而，太子丹对于此人，只是听闻其名却从来没有见过面，并不认识他，只能让鞠武代为介绍。鞠武长叹了一声，只能答应，心中暗想太子丹要引火烧身，只能自求多福了，自己该做的也都做了，不该做的也做了，到了这个时候，任何人都难以保全燕国了。于是，鞠武便去将田光请来，和太子丹一道商议国家大事。这田光也很爽快地便答应了。

太子丹为了能够让田光心甘情愿地为自己想一个好计谋，竟跪着迎接田光，并倒退着走为田光引路，还跪下来替田光拂拭坐席，以显示对田光的尊敬。当然，太子丹这么做的原因是秦国和燕国已经到了势不两立的局面，他需要田光为他想出一个办法来解决。

但是田光直言不讳地说道："太子恐怕要失望了，一匹好马在年轻力壮的时候可以日行千里，夜行八百也不在话下。可到它衰老力竭的时候，连劣马也不能跑过。如今的我就如同好马衰老一般，智计衰竭，身体也不行了。既然太子找到了我，我也不能让太子失望，有一个人倒是可以帮助太子尽快达成心愿，这个人就是荆轲。"

于是，太子丹一面嘱咐田光，让他千万要守住秘密，一面让田光帮助自己找到荆轲。田光平时和荆轲交情深厚，所以引荐荆轲前去会见太子。荆轲听闻这个消息心中不免激动了一番，这或许是他出人头地的好机会，所以荆轲很痛快地答应了田光的要求。

田光又对荆轲说道："我听说，忠厚老实之人，行得正、坐得直，别人也不会对其心生怀疑，如今太子却告诫我说：'我们一起商议的都是国家大事，希望先生不要泄露半句出去。'由此可见，太子丹并不信任我。为人做事让人怀疑，这哪里是有气节的侠客呢？"

田光的意思很明显，他认为自己为人很失败，不具备一个侠客应有的气节。他接着又说道："荆轲请快去告诉太子，死人是最能够保守秘密的，我定不会泄露国家大事，因为已经死了。"说完，田光便自刎而死。荆轲自始至终都没有说一句劝解的话，或许他早已和田光心灵相通，或许这是一个侠客注定的命运：生命本无所谓有，生命亦无所谓无，只要在生死之间得到了气节，死与生其实没有什么区别。

荆轲很顺利便见到了太子丹，告知了关于田光的一切，包括他的遗言。太子丹闻讯，不知是心中感佩还是别有他图，瞬间便双腿跪地行走，泪水更是如黄河泛滥一发不可收拾。

待一片号啕化作呜咽，太子丹才徐徐对荆轲说道："先生不懂我，我之所以告诫田光先生不要泄密，是想实现重大的计划罢了，哪里是要他自取灭亡呢？现在田先生以死明志，是我最不希望看到的事情。虽然我不杀伯仁，伯仁却因我而死，叫我怎么能不伤心欲绝呢？"

荆轲虽然不善言辞，却将事实看得很清楚。田光之死，其实都是太子一手造成的，因为田光知道此去报复秦王，很难保证一定成功，稍有差池，田光便可能成为千古罪人，受尽千万人的唾骂。一个侠客最重要的不是生命，而是名誉。更何况如果果真出了什么事情，太子丹必定会怪罪到田光的身上，何不一剑解千愁？但出于对死者的敬重和承诺，荆轲也要明知山有虎，偏向虎山行。

太子丹每次找到救命的稻草时，都会用两种东西，一种是他的眼泪，一种便是他的膝盖。这一次，还是没有例外，在见到荆轲之后，太子丹立马跪了下来并行九叩之礼。

完毕之后，太子丹向荆轲说道："田先生的死实在是冤枉，他把所有的希望都交付给了我，岂不知我是个无能的人，先生既然来到了我的面前，还请不吝赐教。有先生在，真是上天的恩赐，是对燕国这些后代们的馈赠。"

太子丹果然是驾驭人的高手，充分发挥了死者田光的"余热"，唯恐荆轲会反悔而不支持自己。在对荆轲进行了一番夸大其词的赞美之后，太子丹更对天下的局势进行了分析，言辞全都是关于秦国贪得无厌的举例，说秦国有吞二周而亡诸侯、履至尊而制六合、执敲扑而鞭笞天下的野心。

而眼下的情景对赵国而言很不妙，韩王被秦军俘虏，韩国的土地被秦国占领，南方的楚国和北方的赵国都岌岌可危。王翦的大军已逼近漳水、邺城，而李信又出兵太原、云中。眼看赵国无论如何也抵挡不住秦国的攻势，转瞬之间便会俯首陈臣，到时候燕国便会任人宰割了，这原因很简单，燕国前番刚刚和赵国发生大战，60万大军铩羽而归，北方匈奴又经常不安分，燕国兵连祸结多年，举国之力也不足以和秦国一较高下。

而诸侯接连臣服在秦国的脚下，没有谁胆敢和孤立无援的燕国联合，合纵的威武壮阔的局面已经不可能见到了。

于是，太子丹便思考用勇敢的侠客出使秦国，只要许以重利，秦王必定贪恋，到时候燕国就能够劫持秦王，天下诸侯的土地也可以被归还。当年曹沫劫持齐桓公，何尝不是这样？即使秦王不答应燕国的要求，侠客大可以一剑要了他的性命，秦国必定内乱不止，君臣必定相互猜忌，六国也必定重新联合，秦国更可能从此灭亡。如此宏伟蓝图，让人心惊胆战而又心向往之。于是太子丹请来了荆轲，让他为自己推选一个人才入秦，或者荆轲自己愿意一力承担下来，太子丹将感激不尽。

经太子丹这么一说，荆轲的血液开始沸腾了。只是多次的打击让荆轲始终不敢面对自己和正视自己。他知道这是一个千载难逢的机会，成与不成，自己都可以一飞冲天，从此迈入侠客的至高境界。但是他也害怕自己一去，燕国便要灭亡，而田光先生的知遇之恩，自己将无法报答，荆轲对田光的承诺就无法实现。于是，荆轲只能说："这是关系燕国存亡的大事，我才智弩钝，剑术低下，恐怕会有负太子的重托。"

太子见荆轲心中犹豫不决，遂再次大大地赞美了一番荆轲，让他恢复自信，同时再次利用了自己的膝盖给荆轲叩头，如此荆轲只好答应。

壮士易水别燕丹

就这样,荆轲成为了燕国的上卿,但他的上卿之位不过是个虚名。能够享受几天,谁也难以预料。既然不知道明夕何夕,荆轲遂山吞海吃,享受各种珠宝美女、山珍海味。太子丹既然有求于荆轲,自然是毫不吝啬地去满足他。

几个月下来,天下的局势又发生了极大的变化:秦国王翦已经把赵国置于秦国的囊中,连赵王也成了秦国的阶下囚,眼看秦国大军就要兵临燕国。太子丹心中的恐惧、忧郁、愤慨等情绪逐渐显露出来。可是荆轲这时候却只知道享受,一点也没有动身刺秦的意思。

太子丹终于忍受不了这种折磨,遂来到荆轲府上,说及当前燕国危急,即使自己想要长久地侍奉荆轲,也是心有余而力不足。荆轲自然明白,太子丹是要自己出马了,所谓养兵千日用兵一时,即使太子丹不说,荆轲也会前去请命的。只是荆轲担心他没有任何信物,很难接近秦王。

而燕国能够为秦王动心的东西,其实只有三件。一件是秦国败将樊於期的头颅，一件是燕国太子丹的首级，还有一件自然是燕国的土地。太子丹的头颅自然不能进献给秦王，因为他是燕国复兴的希望所在。只要集齐了剩下的两件东西，荆轲便可以轻易地接近秦王。

只是，太子丹担心，燕国的土地，大可以用一幅地图去代替，可是樊於期的头颅却是自己无论如何也难以夺取的。一来樊於期对燕国而言，如同秦国的白起、赵国的廉颇，杀了他燕国抗衡秦国的资本便会更少了；二来樊於期是走投无路才来燕国投奔自己，将其杀之实在不忍心。

既然太子丹不同意这么做，荆轲只能私下里去找樊於期了。也许太子丹只是不便于亲自出马，如果是荆轲出手，那他就不会背负恶名了。重新找回了自信的荆轲，言辞之间头头是道，他对樊於期说："秦王对您实在是狠毒之极，胜败乃兵家常事，他却连您的父母和同族都不放过。现在又听说秦王悬赏千两黄金和万户封邑来求您的头颅，燕国的灭亡就在旦夕之间，您可有什么准备可以免除灾祸呢？"

樊於期一听，顿时悲从中来，泪流满面地说道："每次想到这件事情，便对秦王恨之入骨，只是我的能力有限，秦国又太过强大，想要报仇也是有心无力。"这时候荆轲便趁机建议，只要得到樊於期的首级献给秦王，秦王高兴之下必定会接见他，这样他便能够趁机杀了秦王。如此，燕国的危局可以化解，樊於期的大仇也可以得报，可谓一举两得。

樊於期听后，赤膊取长剑在手说："我朝思暮想要报这切齿之恨，今日幸得指教！"于是自刎身亡。当那片殷红在荆轲的眼前洒落之时，不知道荆轲作何感想。也许荆轲耳中所回响的，只有樊於期最后的声音：族人被杀之仇，叫自己痛彻心扉、肝肠寸断，能够得到荆轲的指引，不管能不能成功，这颗头颅都值得献出来，以实现其价值。

也许太子丹当时是矛盾的，为了报家仇国恨，樊於期只能牺牲；而如此一来，燕国便少了一个能够和秦军抗衡的将领，也不知道是福是祸。得失之间，胜败无常，为今之计只能鼓舞荆轲的士气，让他一击必中了。得知樊於期自刎后，太子丹到了樊於期府上立马趴在樊於期身上失声痛哭，仿佛是在告诉荆轲，此去刺秦，只许成功，不许失败。

事已至此，太子丹命人收好了樊於期的头颅，用匣子封存起来，交给了荆轲。同时将一柄锋利的匕首给荆轲，这柄匕首是从徐夫人那里花费了100金得到的。太子丹唯恐秦王不死，还命工匠用毒药水淬炼匕首。为了保证万无一失，太子丹还找了一位或者自愿、或者强迫，或者是一般人、或者是刑徒的人，试验了一下匕首的威力。那个人身上只是受了一点伤，便死去了。

万事俱备，荆轲遂收拾行装。

不过荆轲却还是不想走，因为他觉得自己还差一股东风。一个人去秦国的风险太大了，而且一路上连个相陪的人都没有，不管是去刺秦还是刺秦之后的黄泉路上。于是，太子丹遂给荆轲找到了秦武阳。

秦武阳是燕国的勇士，其经历颇具传奇色彩，据说他13岁便手起刀落斩杀了一人，别人都不敢和他的眼神相对。秦武阳便成了荆轲的助手，只是荆轲内心似乎并不喜欢秦武阳，他甚至从秦武阳的外表看出了这个人的外强中干。据说，当时的荆轲是要等一个人，只要他到了，荆轲才有必胜的把握，可是在如此关键时刻，那个人却因为地方远而迟迟未到，不免让太子丹心生疑虑：这荆轲莫不是心中惧怕而故意迁延？为了敦促荆轲快点动身，太子丹便又到荆轲处，让其尽快准许秦武阳和他一起去。

荆轲这时候也来气了，太子丹此举不但是对他的不信任，也是不懂得他的一番苦心。所以荆轲呵斥太子丹道："如果派遣了秦武阳代替我的那位朋友前去刺秦，则很可能事情失败。如今我拿着一把淬了毒药的匕首到吉凶难测的秦国去，之所以迟迟不动身，就是在等待我的那位朋友，太子既然如此急切，我便从了太子的心思。"似乎这正是史家给后来荆轲的成败与否埋下的伏笔，荆轲没有等到他的那位朋友，一个小小的猜忌便决定了整个事件的成败。

为了拔高荆轲的士气，展现自己的仁慈，太子丹竟然召集了许多知道这件事的宾客，来到易水边，身穿白衣、头戴白帽，如送死人一般去送荆轲，仿佛是在告诉荆轲，此去一别，今生便再无相见的机会；也仿佛是在告诉秦国强大的情报网，太子丹派刺客来了。

整个送行过程其实比较简单，分为官方和非官方。在官方上，太子丹率领众宾客，祭祀了路神。在非官方上，则是荆轲的酒肉好友高渐离的送行，此人充分发挥了自己的特长，击起了筑。荆轲似乎也有感而发，触动了内心的柔软。于是，便和着曲调唱起了那曲著名的歌：风萧萧兮易水寒，壮士一去兮不复还。

开始时，其歌声还凄厉悲怆，随着乐音的慷慨激昂，荆轲的歌声也变得豪气干云，使得人人虎目圆瞪，怒发冲冠。

当一切都达到最高潮之时，荆轲便不再逗留，登上马车，和秦武阳一起向秦国飞驰而去。

荆轲刺秦王

不管是求取功名还是谋财害命，凡是来秦国见秦王的人，都找到了一条百试不爽的规则：贿赂秦王的宠臣。这一次，荆轲找到了中庶子蒙嘉，给他带了价值千金的礼物，让他在秦王面前美言几句。蒙嘉也许不知道这荆轲是燕国派遣过来的刺客，也许是他早已经知道了，不过在秦王的吩咐下来了一个将计就计。

秦王听了蒙嘉的介绍后，知道此次荆轲前来不仅斩下了樊於期的头颅，还有燕国督亢的地图。这是因为燕王惧怕秦王的威势，所以愿意臣服秦国，和山东诸侯一般，做秦国的郡县，但是又害怕秦王会趁机对付他，才派遣了荆轲前来。

秦王对此事很高兴，他让荆轲在咸阳宫内享受了九宾之礼。秦王穿上朝服端坐在朝堂之上，眼睛直盯盯地望着荆轲手中的那个匣子。荆轲很从容地拿着装着樊於期头颅的匣子走到了秦王面前，一切都进行得很顺利。然而，让荆轲担心的事情还是发生了：只见拿着装着督亢地图匣子的秦武阳面色发白，浑身发抖，冷汗直冒，脚下发虚，一看就是被吓坏了。荆轲心中一惊，急中生智地走上秦王之处，同时还对秦武阳笑了笑，让秦武阳淡定一些。然后他转头对秦王说道："他是北方荒野之地的粗人，没有见过这么大的阵仗，今日得见真龙天子，心中崇敬、忐忑，遂而恐惧天子的威仪，万望大王不要怪罪于他，让他能在大王面前，从容地完成使命。"秦王似乎察觉到了什么，但他只是看了看四周并没有说什么，遂让人把秦武阳手中的地图拿过来。

荆轲依言取来了地图，心中不断回想过去自己演练了无数遍的刺杀动作，同时他也在犹豫，到底该不该杀了这个和自己素不相识的人？但是很快樊於期期待的眼神便出现在荆轲的脑海中。于是，荆轲将地图慢慢地展开，进而图穷匕见，说时迟那时快，荆轲左手拉住秦王的衣袖，右手挥着匕首狠狠地刺了下去。这时候，现实再一次证明，似乎荆轲的剑术并不是很高明，如此近的距离即使秦王早有防范，荆轲也可以在电光石火之间，将秦王诛杀于手下。但是荆轲的匕首还是落空了，更让人匪夷所思的是，秦王挣脱了荆轲，伸手去拔剑。这时历史再次给了荆轲一次机会，那把剑因为太长，一直拔不出来。荆轲却依然没有抓住机会，只是追着秦王，绕着柱子跑，如果荆轲真的是剑术高手，这样的闹剧未免太让人啼笑皆非了。

此时此刻，秦国朝堂之上呈现出了有史以来最大的混乱。因为秦国早有法律，为免在朝堂之上出现不轨的行为，大臣们都不能够带兵器入殿。而那些侍卫虽然带了武器，却因为没有秦王的命令而只能在殿外候着。正在秦王被荆轲追杀，群臣乱作一团之时，一个名叫夏无且的御医把身上带着的药囊向荆轲扔去。这个药囊极大地影响了荆轲，使秦王有了喘息之机。

群臣趁机大喊让秦王把剑背在背上，再拔出来。这一次，荆轲剑术的低下最终成了他的致命之处，秦王拔出宝剑随意砍落，荆轲的左腿便被斩下。重伤的荆轲只能躺在地上，知道刺秦之事怕是注定要失败了。可是，剑客的尊严不容许他放弃，遂将手中的匕首"嗖"地射了出去，可是依然没有伤到秦王的一根汗毛。秦王挥剑不停地砍，荆轲浑身上下满是伤痕。刺秦重任就在这种匪夷所思的一场闹剧中，宣告彻底失败。不过这时候的荆轲，倒是变得从容和坦然了。他靠着柱子，叉开双腿，哈哈大笑道："因为想要活捉你，让你能够归还诸侯的土地，所以才导致了事情的失败。"

不知道秦王作何感想，如果他对荆轲到来的目的，事先并不知道，则秦王可能会感佩此人的胆略，深感郁愤不已；如果他早就听说了荆轲要来刺秦，则除了耻笑荆轲的愚蠢，或者是太子丹的愚蠢之外，实在是找不到和眼前情景相对应的感想。

荆轲已经死了，刺秦也以失败告终，但荆轲却成为了此后中国历代侠客的典范。

群臣在这一次事件中，为挽救秦王的性命，也做出了自己的努力。是故刺秦事件之后，秦王政论功行赏。夏无且因为护驾有功，得到了秦王的赏识。

国内既定，秦王大军就要兵临燕国城下了。一时之间，赵国旧地的秦军数量不断增加，王翦也在秦王的命令下开始攻打燕国，不久便攻陷了燕国都城蓟城（今北京）。

燕国王室只能率领精锐部队，暂避秦军锋芒，一路且战且退，到达襄平（今辽宁辽阳）。秦王自然不会就此放过他们，秦军在优秀青年将领李信的带领下，疯狂地追击燕军，眼看燕国最后一块阵地就要失去，燕王顿时成了热锅上的蚂蚁。

这时候，代王赵嘉向燕王建议，不如杀了太子丹以平息秦国的愤怒。燕王依言而行，他哪里知道此时秦国想要的已经不再是一个人或者是一个国家，而是整个天下。虽然秦国暂时放过了燕国，转而攻击其他国家。但待其得天下初定之后，秦军便将燕国灭掉，燕王喜也被俘虏，秦国终于一统天下。

此时，距离太子丹之死，才区区 5 年时间。

荆轲死了，太子丹死了，燕国也亡了，只留下荆轲刺秦的传说。或许荆轲这一生，最值得欣慰的就是交到了一个好友——高渐离。在荆轲去世、燕国灭亡之后，高渐离也多次试图杀了秦王为荆轲和燕国报仇，只可惜最终失败被杀。

六国的末路

荆轲刺秦失败，燕国便跟着灭亡了。

之所以说这次秦国攻打燕国是一次惩罚性的攻击，是因为在尉缭的设计下，燕国应该在韩国、赵国、魏国、楚国四国灭亡之后，才会在秦国的铁蹄之下臣服。燕王为了能够让秦国退军，最终接受了臣下的建议，将太子丹缢死后，将其头献给秦军，秦军才撤退。但秦军撤退并不是宽恕了燕国，而是急于回去献上主凶的人头。最终灭亡燕国之时，秦国并没有半点手软，但此时此刻的燕国已经实力大损，要灭除燕国实在是不费吹灰之力，所以秦国并不急于一时。5年之后，燕国便从历史的版图中被抹除，改头换面成了秦国的郡县。

其实，早在秦王政亲政之初，秦国灭亡六国、一统天下的内在和外在条件已经成熟。秦王拥着统一天下的决心和睥睨天下的实力，而且其野心也在日益膨胀。与之相比，六国的内部统治阶层则腐败无能，天灾人祸更导致人民的贫穷不断加剧。如此一来，秦国统一天下不再只是幻想。这时候，秦国之于东方六国，如同一只老虎和数只野牛之间的搏斗，如果他们能够同心协力，则很有可能重创秦国；如果他们各自为战，只为自己着想，秦国就会在不知不觉中，完成一统天下的宏图霸业。

韩非于公元前233年死去，他死后3年，秦国便攻克了韩国的都城新郑（今河南新郑），韩王安只能率领残部向秦军投降。

韩国的灭亡带来了一系列的连锁效应，各国犹如多米诺骨牌般纷纷倒下，天下诸侯由此而惊惧不已。此前赵国和秦军正陷入胶着状态中，在紧张的气氛中，赵国居然轻易跳进秦国间谍布置下的圈套，把那位唯一可以暂时挽救国家名将李牧逼得自杀而死。从此，秦军便再也没有了真正可与之抗衡的对手。秦国继白起之后的名将王翦也就此成为天下第一将。在他的带领下，秦军发起了对赵国最后的进攻，赵王迁兵败投降。赵王迁的哥哥赵嘉向北逃走，在代郡集结了十余万残军，希望能够重新创立合纵联盟，继续抵抗秦国的入侵。

但是其他国家都不认可赵嘉的合纵思想，认为合纵联盟已经不可能重新建立，即使能够建立起来也无法抵抗秦军的进攻。燕国太子丹也有这样的思想，在手忙脚乱的情况下，太子丹最终发起了对秦国的刺客攻势，最后以失败告终。

三晋之地，韩国和赵国相继灭亡，唯独剩下魏国还在苟延残喘，就在太子丹死亡的第二年（公元前225年），秦军以风卷残云的气势，很快便兵临魏国都城大梁（今河南开封）。不过这一次秦军并没有直接进攻，而是再次利用了河水的作用。秦军连夜把黄河的堤防掘开，几乎兵不血刃，便灭亡了魏国。魏王假在被秦军擒获之后，就地处决。

最后还剩下两个国家，等待秦军去征伐，一个是楚国，一个是齐国。楚国经过这些年的休养生息，厉兵秣马，元气有所恢复。因此与楚国的战争是秦军扫灭六国面临的关键一战，也堪称艰难的最后一战。

这时年轻将领李信刚刚从襄平大胜归来，带着一身的光彩和荣耀。此时秦王政开始思考攻楚的问题，攻灭楚国无疑充满了艰难和挑战，而一个君主要权衡天下内外大事，一方面要防备军事上的溃败，另一方面则要防备大臣或者大将尾大不掉，功高震主。

所以到底派遣谁去攻克楚国是秦王政当前最为疑惑的问题。王翦身经百战，战功显赫，攻下楚国不在话下。但正是这样，秦王对他才有所犹豫，因为他的功劳已经很大，功高震主的道理秦王是懂得的。李信刚刚经历战事，经验、计谋、威信上都比不上王翦，却是秦王政重点培养的对象，他甚至还想要在军中让李信和王翦抗衡。

在秦国兼并天下、横扫八方的过程中，没有王氏和蒙氏家族的支撑，秦军很难如此快速地攻灭六国。蒙骜、蒙恬、蒙武祖孙三代，各个厥功至伟、威名赫赫；王翦、王贲父子也不屈居人后，古人来者都屈指可数。是故《史记》评论道："秦始皇二十六年，尽并天下，王氏、蒙氏功为多，名施于后世。"山东六国之中，除了韩国之外，其他六国都是在王氏父子的帅旗下相继攻灭的。相比于蒙恬、蒙骜等人，秦王政更需要防范的是王翦。

王翦自然知道秦王政的心思，白起的结局还历历在目，警示着每一个秦国将领：了却君王天下事，不一定能够赢得生前身后名。

所以王翦之子王贲在接连攻克了楚国的十余座城池之后，便毫无怨言地把帅印交给了李信，把最后的功劳让给了他，也是把自己的祸患消灭在李信的功劳之中。

在此之前，秦王政还对王翦和李信做了一个对比。他问王翦，需要多少兵力才能够攻灭楚国，王翦毫不犹豫地说要60万。秦王政暗自抽了一口凉气，60万大军可是秦国压箱底的实力。于是，秦王再去问李信同样的问题，李信人如其名，自信满满地说只要20万大军。

李信说要20万大军看似轻狂，实际上也有一定的根据。当时攻打燕国之时，李信不过是带领了数千人马，就灭掉了燕国的数万大军。

秦王最终选择了李信，同时心中也忐忑不已，不知李信是否真的可以用20万大军灭掉楚国。

而王翦则扛着一把锄头去到了乡间，从此过上了乡村田园式的生活。那时王翦突然生出了一种异样的感受，其实他这一生只做了两样事情：进攻和防御。白起、蒙骜、王龁、樊於期，这些曾经他崇拜的、共事的、尊敬的将领，都驾鹤西去；廉颇、乐毅、田单、李牧，这些沙场上最高明的对手，也魂归黄泉。生命如此灿烂，如夏花般开满了每个原野，又在残酷的深秋中，翩然落下，没有感伤，只有执着。

而另一边，李信和蒙恬大军已经挥师大举进攻楚国。

天下一统，战国落幕

秦军派出两路大军同时出发，一路由李信率领。李信所部很快就从南阳郡向东方进发，他采取的是秦军惯常的作战手法，分割包围，继而歼灭，并没有直接前去攻打楚国的都城寿春。李信大军是秦军主力，很快便攻克了平舆（今河南平舆）以及楚国原来的都城陈（今河南淮阳）。另一路大军则由蒙恬率领，他们很快将寝丘（今安徽临泉）攻占，以掩护主力大军的行动。双方最终会于城父（今安徽亳州）。按照李信的战略意图，楚国的国土会就此分割，秦军便可以各个击破。同时可以占据居高临下的有利地形，整个楚国都城能够尽收眼底。这种战法在以往的战役中百试不爽。

战前，李信对当地的地形做了充分的考察，认为如果进入楚国广袤和开阔的平原地带，秦国的大兵团就能够如同潮水般向前一波波推进，楚国军队势必难以抵挡。

只可惜李信只知其一不知其二，秦国大军纵然可以阶梯式地推进，殊不知楚国大军也可以利用那些河网和丘陵在不知不觉中隐藏，然后靠近秦军。果然，楚军跟了秦军三天三夜，最终使得秦军全线溃败，7名都尉被斩杀，李信仓皇而狼狈地逃回了秦国。

事实证明，李信在军事谋略上远远不及王翦。

当秦军大败的消息传到秦王政的耳中时，可以想象当时的他是多么懊悔和愤怒。纵然如此，也无法改变秦军大败的事实。秦王立刻驾着马车，来到了王翦的老家频阳。

一见面，秦王便打开天窗说亮话，一说自己和李信的错误，二便是请王翦出山。王翦没有立刻答应秦王，而是向秦王诉苦，说及自己身体不好，脑子不灵光，手脚不便利，要秦王对他好点。

这秦王也是快人快语，秦国军队刚刚经历了大败，自己焦头烂额，只有王翦先帮助了自己，自己才能够帮助王翦。自己诚意十足，亲自来请王翦出山，万万不可以推辞。

这一刹那，王翦想到了昔日的秦昭襄王和白起，秦昭襄王面临攻灭邯郸的关键之战，秦军数战不敌，秦昭襄王只能卑躬屈膝前来请白起出山。只可惜白起孤傲无比，一点也不给秦昭襄王面子，最终范雎屡进谗言，迫使秦昭襄王诛杀了白起。

识时务者为俊杰，王翦伸出了六个手指，口中说道：没有60万大军，去了也是大败而归。秦王这次只好应允。然而在秦王的心中，对王翦还是心存忌惮的，举国之精锐都交到了王翦的手中，东出可以平天下，西进则可以灭秦国，拥有如此雄师的王翦对秦王是很大的威胁。于是，秦王想到了笼络王翦。他对王翦说，战事一结束，自己就搬过来，和王翦一起住。

于是，王翦再次挂帅出征，秦王亲临灞上，为王翦践行。酒也喝了，天地诸神都祭拜了，祝酒词也念了，这王翦却不动了。

秦王很奇怪，怎么不走了呢？

王翦明白秦王的心思，但是秦王却未必明白王翦，王翦此举，就是要秦王也能够体谅和明白自己。当然，最直接和有效的方式，就是语言："大王，臣老了，估计几年之后就不能动了，再想要为秦国立功，为大王建业，就会有心无力。同时臣也发现，自己的担心已经很多。此次前去攻灭了楚国，臣必定是功成身退，到时候就要孤苦无依，连一日三餐，住宿出行都不成了。所以臣希望，大王能够给赏赐多点金银钱财、良田美宅。如果能够满足臣的这个愿望，臣就安心了。"

秦王瞬间便明白了，王翦表面上是在请赏，实际上是要自己不要猜疑。于是，秦王保证道："将军为秦国立下了不少汗马功劳，本王自然不会让你受穷的。"

王翦道："臣就只要一些良田美宅、金银钱财，其他的给了臣也没用，只要臣死了，子孙能够温饱，臣死也瞑目了。"

秦王大笑不已，遂答应了王翦，可是王翦还是表示自己不放心，遂不厌其烦，一连给秦王捎了五封信，找秦王要这要那。王翦此举，彻底地打消了秦王的疑虑，可是却引起了王翦身边副将蒙武的好奇，老将军这么做，实在是让人百思不得其解。于是，蒙武便向王翦求教。

王翦自然将心中所想一一说了出来，他说此举可以消除秦王的疑虑，赏赐之物却可以分给将领。蒙武恍然大悟，极力称赞。

王翦哈哈大笑，为名将者不仅要努力在战场上纵横捭阖，攻无不克，也要在政治上韬光养晦，攻守进退皆有道。

公元前232年,王翦率领60万大军,浩浩荡荡地来到了楚国境内。一时之间,楚国上下积极备战,杀敌图存,士气高昂。但是王翦并没有直接攻上去,因为他知道眼下只有先消灭敌人的锐气,进而以威武雄壮之师攻去,才能够收到奇效。

于是,王翦命令大军高筑营垒,只要守卫好军粮和粮道就行。任凭楚国军队如何谩骂、挑战,秦军就是坚守不出。而这时候,楚国大军以为秦军主力已经撤退,转而去防守自己的边境。于是,楚国大军急忙向东方撤离。王翦等的就是这个时候,秦军以逸待劳,楚军惊弓之鸟,在一连串的歼灭战之后,楚王负刍最终选择了投降。

天下初定,此时此刻,只剩下东方的齐国还和秦国并立于世。

不得不说王翦在政治上很老辣,故而有了那句歇后语——王翦请田,明哲保身。不止如此,王翦在攻灭了楚国之后,还南下攻灭百越,设立郡县,立下不世功勋,秦王知道了他的忠心,遂封其为武成侯。

而比起王翦,更加深谋远虑的人是范雎。

当初范雎为秦国立下了远交近攻的策略,使得秦国50年时间之内,坐看山东诸侯的破灭。50年的时间内,齐国和秦国的邦交极为和睦,政府使者、民间商旅往来络绎不绝。

公元前237年,齐王田建曾率领庞大的使团前去访问秦国,秦王政在咸阳宫中用盛大的礼仪接待了齐王。在秦王的授意下,秦国上下,不管是高级官员还是其他各国的使节,一一匍匐在田建脚下,诚惶诚恐,不敢抬头。田建因此而虚荣心大涨,认为这秦王政和秦国值得齐国深交。

于是，田建和秦王政设置祭坛，烧香祭酒，结为异姓兄弟。如此，齐国自然成为了秦国的兄弟之邦。为了彻底地拉拢齐国，使其不成为秦国一统天下的绊脚石，秦国不惜花费重金，让前来咸阳的齐国使团满载而归。一时之间，曾经的虎狼之国，摇身一变成了齐国最忠实的盟友。

来而不往非礼也，秦国也不断派遣各种使节携带大量黄金珠宝出使齐国。其中不乏大量辩才出众的客卿，他们一面游说统治阶层不要改变外交政策，一面诱使他们堕落，跳入贪污腐败的陷阱。除了钱财以外，那些使者还携带了剑客和锋利的宝剑，只要谁不愿意，便刺杀之，这是典型的李斯战略。

如此一来，对于任何的合纵行动，齐国几乎都拒绝参与。为了表示自己对于联盟的忠实，齐王每次都会为秦国的胜利派遣使节团前往咸阳道贺。秦国横扫各国，鲸吞天下时，齐国始终隔岸观火，置身事外，一连享受了50年之久的和平和繁荣。但是在繁荣的外表下，齐国隐藏的危机正暗暗滋长，最终招致国破家亡。

公元前221年，末日终于降临到了齐国的身上。可以猜测，齐国一定不乏有识之士看出局势的变化，只可惜未得到重用或者被秦国杀了，这时齐国纵有天才降临，也难以挽回大局。

这一天的到来，让田建也深刻地感到了齐国所面临的危机，遂和宰相后胜商议对策。他不知道，早在30年前，田建的这位宰相就已经被秦国收买了。可是，后胜似乎也意识到，自己往日的荣光将不复存在，"飞鸟尽、鸟弓藏；狡兔死、走狗烹"，这种道理再也明白不过。

只可惜，二人的悔悟都为时晚矣，秦国大军从原来的赵国境内挥师南下，没有遇到任何有效抵抗便占领了齐国都城临淄，齐国便在这样一个混沌的过程中断送了国运。

后胜收了秦国无数的好处，和他预料的一样，最终被秦王政杀了，田建则被流放到共城（今河南辉县），当了45年的太平国王。据说齐国灭亡之后，还有很多人跟随齐王，只是后来发现已经没有了任何前途，便树倒猢狲散，只留下田建和自己年幼的儿子相依为命。忧国伤怀的齐王，在荣华富贵和三餐难保的巨大落差之下，最终忧郁而死，其儿子也自此不知下落。

齐国的遗民听到消息，曾为他作一首悼歌：

松耶柏耶？

住建共者客耶？

历经260多年的战国，终于在秦国历代君王特别是秦孝公、秦昭襄王、秦王政，历代贤臣如商鞅、范雎、李斯，历代名将如司马错、魏冉、白起、王翦、蒙恬等人的共同努力下，宣告落幕。山东六国全数灭亡，唯独卫国还存在到了秦二世，可能是太小的缘故。

轰轰轰烈的大一统时代就此到来。

贾谊豪迈激扬的文字开始飞扬：奋六世之余烈，振长策而御宇内，吞二周而亡诸侯，履至尊而制六合，执敲扑而鞭笞天下，威震四海。南取百越之地，以为桂林、象郡。百越之君，俯首系颈，委命下吏。乃使蒙恬北筑长城而守藩篱，却匈奴七百余里。胡人不敢南下而牧马，士不敢弯弓而报怨。（《过秦论》）

李白快意恩仇的诗句开始出现:秦王扫六合,虎视何雄哉;挥剑决浮云,诸侯尽西来。

苏洵在秦国故土、阿房宫旧址上开始长吁短叹:六国破灭,非兵不利,战不善,弊在赂秦。赂秦而力亏,破灭之道也。(《六国论》)